学ぶ人は、
変えて
ゆく人だ。

目の前にある問題はもちろん、

人生の問いや、

社会の課題を自ら見つけ、

挑み続けるために、人は学ぶ。

「学び」で、

少しずつ世界は変えてゆける。

いつでも、どこでも、誰でも、

学ぶことができる世の中へ。

旺文社

もくじ

1日目

漢字（漢字の読み書き・送りがな）

基礎問題

解答→別冊解答2ページ

1 漢字の読み書き

(1) 次のそれぞれの熟語の読み方として最も適切なものをあとから一つずつ選び、記号で答えなさい。

①荷物　②強気

③職場　④砂浜

⑤果物　⑥総合

ア　音読み＋音読み

イ　訓読み＋訓読み

ウ　重箱読み

エ　湯桶《ゆとう》読み

オ　熟字訓

(2) 次の傍線部《ぼうせんぶ》の漢字の読みを書きなさい。

①強い日光を遮る。

②自慢《じまん》の歌を披露する。

③小豆であんを作る。

④任務を遂行する。

⑤竹刀をふって練習する。

⑥健やかな成長を見せる。

(3) 次の傍線部のカタカナを漢字に直して書きなさい。

①友人を家にショウタイする。

②布をサイダンする。

③柱をスイチョクに立てる。

④ハクブツカンに出かける。

⑤急にテンコウが変わる。

⑥雨のソウビを調《ととの》える。

2 送りがな

(1) 次の傍線部のカタカナを漢字と送りがなで書きなさい。

①会社の役員をシリゾク。

②オサナイ妹と遊ぶ。

③立派な城をキズク。

④あまりのことに目をウタガウ。

⑤道端《みちばた》の小石をヒロウ。

⑥職場の欠員をオギナウ。

漢字の読み書き

漢字の読み方には次のようなものがある。

・音読み…漢字を中国での発音をもとにして読むこと。

・訓読み…漢字をその意味にあたる日本語で読むこと。

・熟字訓…ひとつひとつの漢字の音訓に関係なく、全体で読む特別な訓読み。

・重箱読み…上の漢字を音で、下の漢字を訓で読む読み方。

・湯桶読み…上の漢字を訓で、下の漢字を音で読む読み方。

送りがな

①活用語尾《ごび》を送る、②形容詞の語幹が「し」で終わる場合には、「し」から送る、などのきまりがある。例外もある。

同音異義語・同訓異字

・同音異義語…同じ音読みで、意味が異なっている熟語。

・同訓異字…同じ訓読みで、字が異なっている漢字。

学習日　月　日

3 同音異義語・同訓異字

(1) 次の傍線部のカタカナを漢字に直しなさい。

①こちらのイコウを伝える。〔　〕
②新体制にイコウする。〔　〕
③再開は五月イコウになる。〔　〕
④話の結末をソウゾウする。〔　〕
⑤新しい作品をソウゾウする。〔　〕
⑥イギのある活動をする。〔　〕
⑦決定にイギを申し立てる。〔　〕
⑧テレビで写真をコウカイする。〔　〕
⑨太平洋をコウカイする。〔　〕
⑩模型がカンセイする。〔　〕
⑪独自のカンセイが見られる。〔　〕

(2) 次の傍線部のカタカナを漢字に直したときに正しいものをあとから選び、記号で答えなさい。

①物音で目がサめる。〔　〕
ア 冷　**イ** 覚
②難問をたやすくトく。〔　〕
ア 解　**イ** 説　**ウ** 溶
③東京にある恩師の家をタズねる。〔　〕
ア 尋　**イ** 訪
④風雨にさらされて家がイタむ。〔　〕
ア 痛　**イ** 傷

4 熟語の成り立ち

(1) 次の二字熟語の成り立ちの説明として最も適切なものをあとから一つずつ選び、記号で答えなさい。

①品質〔　〕　②建設〔　〕
③不便〔　〕　④取捨〔　〕

ア 意味の似た字が重なる
イ 反対の意味の字を組み合わせる
ウ 上の字が下の字にかかる
エ 上の字が下の字を打ち消す

(2) 次の三字熟語と同じ成り立ちのものをあとから一つずつ選び、記号で答えなさい。

①未成年〔　〕
②消防士〔　〕

ア 非公式　**イ** 大中小　**ウ** 季節感

(3) 次の□に共通して入る漢字をあとから一つ選び、記号で答えなさい。

針小棒□　□器晩成　公明正□

ア 体　**イ** 代　**ウ** 題　**エ** 大　〔　〕

5 部首・画数

(1) 「神」を楷書《かいしょ》で書いたときの総画数を、算用数字で書きなさい。〔　〕画

熟語の成り立ち

・二字熟語の成り立ち
①同じ字が重なる（例脈々）、②意味の似た字が重なる（例表現）、③反対の意味の字を組み合わせる（例長短）、④上の字が下の字にかかる（例親友）、⑤下の字が上の字にかかる（例登山）、⑥上の字が下の字を打ち消す（例未完）など。

・三字熟語の成り立ち
①関連のある三つの漢字を並べる（例衣食住）、②二字熟語の下に一字をつける（例学芸会）、③二字熟語の上に一字をつける（例不十分）など。

・四字熟語の成り立ち
①関連のある四つの漢字を並べる（例春夏秋冬）、②二字熟語どうしを組み合わせる（例登場人物）、③三字熟語に一字をつける（例自家用車）、④故事成語によるもの（例朝令暮改《ぼかい》）など。

部首・画数

よくでる 楷書と行書
楷書と行書で部首の形や画数が変わる場合がある。

1日目

漢字（漢字の読み書き・送りがな）

基礎力確認テスト

解答→別冊解答2ページ

得点　／100点

1 次の傍線《ぼうせん》部《ぶ》の読みを、ひらがなで書きなさい。〈栃木〉〔2点×5〕

①多忙な日々を送る。
②道具を大切に扱う。
③窓に水滴がつく。
④机を隔てて向かい合う。
⑤自然の恩恵を受ける。

2 次の①〜④の各文の傍線の部分を漢字で書きなさい。ただし、必要なものには送り仮名を付けること。〈愛媛〉〔2点×4〕

①屋根の上にかんばんを立てる。
②市長がしゅくじを述べる。
③鳥がかごの中であばれる。
④返事にこまる。

3 次の傍線部について、漢字の場合は正しい読みをひらがなで書き、カタカナの場合はそれにあたる漢字を楷書《かいしょ》で正しく書きなさい。また、⑤については、矢印の方向に読むと、漢字の熟語ができます。□に入る適切な漢字を楷書で正しく書きなさい。〈岩手〉〔2点×5〕

①皆《みな》で卒業文集を編む。
②名残惜《お》しそうに場を離《はな》れる。
③法律によってサバかれる。
④植物や熱帯魚をカンショウする。
⑤
門
↓
外 → □ → 現
↓
口

4 次の文章中の傍線部①・②について、カタカナを漢字で書きなさい。〈愛知〉〔4点×2〕

彼《かれ》は、三つの章で①コウセイされた独創的な小説で文学賞をとり、作家として華々《はなばな》しいスタートを切った。それ以降も、優《すぐ》れた作品を数多く発表し、偉大《いだい》な作家として②コウセイに名を残した。

①　②

5 「関心」の同音異義語を一つ使って、十字以上十五字以内の短文を作りなさい。〈山口〉〔10点〕

6 次の傍線部を漢字に直したときに適切なものをあとの**ア**〜**ウ**から一つずつ選び、記号で答えなさい。〔2点×3〕

①山本さんを委員長にすすめる。〔　　〕

②写真部に入ることをすすめる。〔　　〕

③作業を正確にすすめる。〔　　〕

ア 進　**イ** 薦　**ウ** 勧

7 「想像」と熟語の構成が同じものはどれか。次の**ア**〜**エ**から一つ選び、記号で答えなさい。〈栃木〉〔8点〕

ア 抜群　**イ** 海底

ウ 削除　**エ** 未来　〔　　〕

8 「防寒着」と熟語の構成が同じものを、次の**ア**〜**エ**から一つ選び、記号で答えなさい。〈栃木〉〔8点〕

ア 新製品　**イ** 洗面器

ウ 雪月花　**エ** 無理解　〔　　〕

9 次の①・②の文の□に、それぞれの読みの漢字一字を入れ、四字熟語を完成させなさい。〈北海道〉〔完答6点×2〕

①難題を、一□《とう》両□《だん》に解決する。

②心□《き》一□《てん》して、科学者を目ざす。

①〔　　〕〔　　〕

②〔　　〕〔　　〕

10 次の文章中の□にあてはまる最も適当なことばとそのことばが示す意味を、それぞれあとの**ア**〜**オ**から一つずつ選び、記号を書きなさい。〈愛知〉〔6点×2〕

昨日の話し合いでは、さまざまな意見が出された。しかし、どの意見も□で、特に目新しいものはなかった。

〔ことば〕**ア** 一進一退　**イ** 大同小異　**ウ** 奇想天外《きそうてんがい》

エ 異口同音　**オ** 首尾一貫

〔意味〕**ア** 全体的にほぼ同じで似たりよったりであること。

イ 多くの人が口をそろえて同じことを言うこと。

ウ 普通《ふつう》の人では思いもつかないこと。

エ 考えや態度が終始変わらないこと。

オ よくなったり悪くなったりすること。

ことば〔　　〕　意味〔　　〕

11 「提」と同じ部首を組み合わせることで正しい常用漢字になるものを、行書で書かれた次の**ア**〜**エ**から一つ選び、記号を書きなさい。〈茨城〉〔8点〕

ア 兆　**イ** 夭

ウ 走　**エ** 羊　〔　　〕

2日目

語彙《ごい》（対義語・類義語・ことわざ・慣用句）

学習日　月　日

基礎問題

解答→別冊解答3ページ

1 対義語

(1) 次の語の対義語になるように、□に入る漢字一字を書きなさい。

①拡大⟷□小
②原因⟷結□
③往路⟷□路
④被害《ひがい》⟷□害
⑤肯定《こうてい》⟷□定
⑥清浄《せいじょう》⟷□浄

(2) 次の各文の傍線部《ぼうせんぶ》の語の対義語を漢字で書きなさい。

①壁《かべ》の全体を緑に塗《ぬ》る。
②試験に落第する。
③抽象《ちゅうしょう》的に表現する。
④人類の進化について学ぶ。
⑤安全な道を選ぶ。
⑥その案件は既決《きけつ》のものだ。
⑦自分の権利を主張する。
⑧定期券の有効期限が切れる。

2 類義語

(1) 次の語の類義語になるように、□に入る漢字一字を書きなさい。

①肝心《かんじん》＝肝□
②遺憾《いかん》＝□念
③値段＝価□
④倫理《りんり》＝□徳
⑤寛容《かんよう》＝寛□
⑥便利＝重□

(2) 次の各文の傍線部の語の類義語をあとから一つずつ選び、記号で答えなさい。

①彼《かれ》の親切に感謝する。
②皆《みな》の手本になるよう努力する。
③両者の実力は互角《ごかく》に見えた。
④すばらしい名案を思いついた。

ア 妙案《みょうあん》　**イ** 厚意《こうい》
ウ 模範《もはん》　**エ** 対等

対義語

対義語は、互《たが》いに反対、または対《つい》になる意味を表す言葉。

・二字以上の熟語の一字が共通のもの
例 以前⟷以後
・二字とも違《ちが》った漢字で対義語になっているもの
例 集合⟷解散
・「非」「不」「未」「無」などの打ち消しの漢字がつくもの
例 有名⟷無名

類義語

類義語は、互いに似た意味を表す言葉。

・二字の熟語の一字が共通のもの
例 案外＝意外
・二字とも違った漢字のもの
例 準備＝用意

3 ことわざ

(1) 次のことわざの（　）に入る言葉をあとから一つずつ選び、記号で答えなさい。

①楽あれば（　）あり　〔　〕
②転ばぬ先の（　）　〔　〕
③（　）に短したすきに長し　〔　〕
④船頭多くして船（　）に上る　〔　〕
⑤（　）のないところに煙《けむり》は立たぬ　〔　〕
⑥井の中の（　）　〔　〕

ア 山　イ 火　ウ 杖《つえ》
エ 苦　オ 帯　カ 蛙《かわず》

(2) 次のことわざと似た意味のものをあとから一つずつ選び、記号で答えなさい。

①猫《ねこ》に小判　〔　〕
②石橋をたたいて渡《わた》る　〔　〕
③ちょうちんに釣《つ》り鐘《がね》　〔　〕
④待てば海路の日和《ひより》あり　〔　〕
⑤蛇《じゃ》の道は蛇《へび》　〔　〕

ア 餅《もち》は餅屋
イ 石の上にも三年
ウ 豚《ぶた》に真珠《しんじゅ》
エ 念には念を入れよ
オ 月とすっぽん

4 慣用句

(1) （　）の意味の慣用句になるように、□に入る漢字一字を書きなさい。

①□が高い　〔　〕
（ものごとを見分ける力がある）
②□ぐすね引く　〔　〕
（準備を調《ととの》えて機会を待ち構える）
③□に流す　〔　〕
（過去のことをなかったことにする）
④□を売る　〔　〕
（仕事を怠《なま》けてむだ話で時間をつぶす）
⑤□がすく　〔　〕
（心のつかえが取れてすっきりする）

5 故事成語

(1) 次の意味を表す故事成語をあとから一つ選び、記号で答えなさい。

・目的を達成するために、あらゆる苦難に耐《た》えること。

ア 温故知新　イ 背水の陣《じん》
ウ 臥薪嘗胆《がしんしょうたん》　エ 虎《とら》の威《い》を借る狐《きつね》
〔　〕

ことわざ
昔から言い習わされてきた短い言葉。
・教訓的なもの
例 負けるが勝ち
・批判や皮肉を込《こ》めたもの
例 紺屋《こうや》の白袴《しろばかま》
・生活の経験から得たもの
例 暑さ寒さも彼岸《ひがん》まで

くわしく 似た意味のことわざ
例 弘法《こうぼう》にも筆の誤り
＝猿《さる》も木から落ちる　など

慣用句
広く使われてきた、二つ以上の言葉がいっしょになってもとの意味を離《はな》れた言葉。

くわしく 体の部分の名前を使った慣用句
例 耳→耳を貸す、耳が痛い、耳を疑う　など

注意！ 誤りやすい慣用句
例 ×的を得る　○的を射る

故事成語
中国の古い話（故事）からできた言葉。

➡要点まとめシートで確認《かくにん》しよう！

2 日目

語彙《ごい》（対義語・類義語・ことわざ・慣用句）

基礎力確認テスト

解答⇩別冊解答3ページ

得点　／100点

1 次の文章中の傍線部《ぼうせんぶ》「感情的」の対義語として最も適切なものを、あとの**ア**～**エ**から一つ選び、記号で答えなさい。〈山形〉〔15点〕

相手の目をしっかり見て、きちんと語りかけること、巷《ちまた》の話し方講座等ではこんなアドバイスがあるかもしれません。そのとき、しばしば出るのは、「思ったことを感じるままに話してはダメだ」という意見ですね。思ったことを感じるままに話すと、お互いに感情的になってしまい、解決すべきことがなかなかうまく運ばない等々。

（細川英雄《ほそかわひでお》『対話をデザインする』より）

ア 理性的　**イ** 意識的

ウ 建設的　**エ** 機械的

〔　　〕

2 次の文章中の空欄《くうらん》に「故意」の対義語で、「不注意からよくない結果をまねくこと」という意味を表す適切な漢字二字のことばを書きなさい。〈兵庫〉〔15点〕

「よくわからないんだ。教師もあわてているらしかったそうで、とにかく行って見なくてははっきりしないからね。まあおよそは、ものの弾《はず》みでそんなことになったと思うのだが、故意のことのように言ったというんだ。なあに、母さんの聞きちがえかもしれないんだ。」いつも通り机に座ってしごとはしていても、父は案じておちつけないらしい。煙草《たばこ》ばかりふかして報告を待っていた。

「□□でも故意でも、どうなるのかしら？　罪になるの？」

（幸田《こうだ》　文《あや》『おとうと』より）

□□

3 次の文章中の傍線部と同じ意味の語を、あとの**ア**～**エ**から一つ選び、記号で答えなさい。〈奈良〉〔15点〕

一方、「あした」と「あす」と「明日《みょうにち》」、「親戚《しんせき》」「親族」「親類」「縁者」「身内」「身寄り」などには、はっきりとした意味の違《ちが》いがほとんどない。が、いつどれを使ってもいいわけではない。場面や状況《じょうきょう》によってそれぞれ適不適があり、感じの違いもある。

（中村《なかむら》　明《あきら》『語感トレーニング――日本語のセンスをみがく55題』より）

ア 適正　**イ** 適否

ウ 適宜《てきぎ》　**エ** 適応

〔　　〕

4 次の傍線部の語句の、文章中での意味として最も適当なものをあとの**ア**～**エ**から一つ選び、記号で答えなさい。〈沖縄〉〔15点〕

「来年は受験なのよ」

思わず「それがどうした」と売り言葉に買い言葉が出そうになったが、克久《かつひさ》はその言葉だけは飲み込《こ》んだ。

（中沢《なかざわ》けい『楽隊のうさぎ』より）

ア 相手の調子に合わせて、状況にあった発言をすること。
イ 相手の言葉尻《ことばじり》をつかまえて、いやみなこじつけをすること。
ウ 相手の言い過ぎた言葉に、度を超《こ》えた言葉で言い返すこと。
エ 相手の言うことに対して、やたら反発的な態度をとること。

〔　　〕

5 Aさんの学級では、ことわざや慣用句、故事成語などについて調べ、話し合いを行いました。次のAさんとBさんの会話を読んで、空欄**Ⅰ**にあてはまる語句を、漢字二字で書きなさい。また、空欄**Ⅱ**にあてはまる内容として最も適切なものを、あとの**ア**〜**エ**から一つ選び、記号を書きなさい。〈埼玉〉〔10点×2〕

> Aさん「ことわざや慣用句、故事成語などを調べると、同じ語句がいろいろな言葉の中で使われていることがわかりました。たとえば、『［Ⅰ］の道も一歩から』、『悪事［Ⅰ］を走る』、『［Ⅰ］眼』などには、同じ語句が使われています。」
> Bさん「本当ですね。［Ⅰ］は、非常に（　Ⅱ　）を表す語句ですが、ことわざや慣用句、故事成語などの中で広く使われているのですね。」

ア 遠い距離《きょり》　**イ** 狭《せま》い空間　**ウ** 遠い未来　**エ** 短い年月

Ⅰ［　　］
Ⅱ〔　　〕

6 次の文章は、高校二年生の青山《あおやま》さんが、中学校時代の恩師である三田《みた》先生に電話をかけたときの会話の一部です。文章中の「［　］が立たない」が「とてもかなわない」という意味になるよう、［　］に体の一部を表す言葉を漢字一字で書きなさい。〈千葉〉〔10点〕

> 三田先生「ところで、勉強のほうは、どうですか。」
> 青山さん「はい、授業のレベルに［　］が立たないわけではないのですが、スピードが速くて苦労しています。」

〔　　〕

7 次の文章中の傍線部を印象的に表すために、慣用句を使った表現にします。傍線部とほぼ同じ意味を表すように、あとの（　）に適切な漢字一字を入れて慣用句を使った表現を完成させなさい。〈静岡〉〔10点〕

一日の仕事のほとんどが、本を棚《たな》に並べることです。本が詰《つ》まった重いダンボールを運ぶのはかなり大変でした。また、一日中立ちっ放しで足がとても疲《つか》れました。

> 足が（　　）になりました。

〔　　〕

3 日目

文法1（文の組み立て・文節・係り受け）

基礎問題

解答→別冊解答4ページ

1 言葉の単位と文節

(1) 次の文を単語に区切った場合に正しいものをあとから一つ選び、記号で答えなさい。

私はたった一人で小さな駅に降り立った。

ア 私は／たった一人／で／小さな／駅に／降り立った。
イ 私は／たった／一人／で／小さな／駅に／降り／立った。
ウ 私／は／たった／一人／で／小さ／な／駅／に／降り／立った。
エ 私／は／たった／一人／で／小さな／駅／に／降り立っ／た。

〔　　〕

(2) 次の各文の文節の数を漢数字で答えなさい。

① 田山《たやま》さんはとてもいい人だ。〔　　〕
② 特急列車に乗って、海辺の町へ行ってみた。〔　　〕

(3) 次の各文を、例にならって文節に区切りなさい。

例 庭に／大きな／木が／ある。

① 弟は、元気に立ち上がった。
② 家の近くに広い公園がある。
③ 昨日、山田《やまだ》さんたちとバドミントンをした。
④ 父が会社から帰ってきたようだ。

2 文の成分、文節と文節の関係、係り受け

(1) 次の傍線《ぼうせん》部は、文の成分としてあとのどれにあたりますか。最も適切なものを一つずつ選び、記号で答えなさい。

① 僕《ぼく》は、図書館へ行った。〔　　〕
② まあ、なんてかわいい赤ちゃんでしょう。〔　　〕
③ そよ風が、私の頬《ほお》をやさしくなでた。〔　　〕

言葉の単位と文節

言葉の単位を、大きいものから順に並べると「文章→段落→文→文節→単語」になる。

・文章…まとまった考え・内容を表す。
・段落…意味や内容を基準に、長い文章を区切ったまとまり。
・文…まとまった意味を表す、句点（「。」）までの一続き。
・文節…意味をこわさずに、文を小さく区切ったその一区切り。
・単語…それ以上分けることのできない言葉。

くわしく 文節の分け方

話し言葉の「ネ・ヨ・サ」を入れて、自然に区切れるところが、文節の切れ目である。

よくでる 補助の関係の文節分け

「話して／みる」のように、補助の関係になっている部分は、二つの文節に分ける。

学習日　月　日

④眠《ねむ》い。だけどまだ宿題が残っている。

⑤川島《かわしま》さんは、北海道《ほっかいどう》に行くそうだ。

ア 主語　**イ** 述語　**ウ** 修飾語《しゅうしょくご》
エ 接続語　**オ** 独立語

(2) 次の各文中の傍線をつけた二つの文節どうしの関係をあとから一つずつ選び、記号で答えなさい。

①僕は、彼《かれ》を 知って いる。

②いいえ、違《ちが》います。

③この絵は、私の 父が 描《か》きました。

④雨だから、帰ります。

⑤赤組も 白組も、よく がんばった。

⑥彼の 作品は 向こうに ある。

ア 主語・述語の関係　**イ** 修飾・被《ひ》修飾の関係
ウ 並立《へいりつ》の関係　**エ** 補助の関係
オ 接続の関係　**カ** 独立の関係

(3) 次の各文中の、傍線部の語が修飾している文節を抜《ぬ》き出して書きなさい。

①そこはもっときれいにした方がよい。

②先生に国語のノートを渡《わた》してください。

③庭にチューリップの花が咲《さ》く。

④私は小さな白いねこを飼っている。

(4) 次の各文中の傍線をつけた二つの文節どうしの関係が同じものをあとから一つずつ選び、記号で答えなさい。

①机の上に手紙が置いて ある。

②私はそのことをすっかり 忘れた。

③部屋は とても広かった。

④彼女《かのじょ》は清く 正しく生きている。

⑤時間だが 続けよう。

ア 家には姉と 弟がいる。
イ 友人が新しい帽子《ぼうし》を 買った。
ウ 帰ったら兄に聞いて おく。
エ 夜明けの空が 美しい。
オ 時計を見ると お昼だった。

文の成分、文節と文節の関係、係り受け

・主語・述語の関係…「何が」→「どうする・どんなだ・何だ・ある（ない）」の関係。
・修飾・被修飾の関係…修飾する文節と、修飾される文節との関係。
・並立の関係…二つ以上の文節が、対等に並ぶ関係。
・補助の関係…あとの文節が、前の文節を補助している関係。
・接続の関係…接続語と、それがつなぐ後の部分との関係。
・独立の関係…ほかの文節と直接係り受けの関係がない文節と、ほかの文節との関係。

よくでる 修飾語の係り受け

修飾語が修飾している文節を見つけるときは、組み合わせて自然に意味が通るかを確《かく》認《にん》する。

例 太い大きな木がある。
×太い大きな
○太い木が

3 日目

文法1（文の組み立て・文節・係り受け）

基礎力確認テスト

解答↓別冊解答4ページ

得点　／100点

1 次の文中の傍線部《ぼうせんぶ》「おいしく食べられる」を、例にならって単語に分けなさい。〈岩手〉〔10点〕

生肉のままでは、腐《くさ》りやすく危険が伴《ともな》いますが、火に通すと安全に、しかもおいしく食べられることを知りました。

（原田信男《はらだのぶお》『食べるって何？　食育の原点』より）

例　自転車／に／乗る。

〔お い し く 食 べ ら れ る〕

2 次の文中の傍線部「私は長谷川《はせがわ》コトミをふりかえる。」は、いくつの文節に区切れますか。漢数字を書きなさい。〈宮城〉〔10点〕

この人になにかをしてあげたいという気持ちがわいてきて、私は長谷川コトミをふりかえる。

（中田永一《なかたえいいち》『くちびるに歌を』より）

〔　　〕

3 次の文中の傍線部「二次的な」が修飾《しゅうしょく》している一文節を、文中からそのまま抜《ぬ》き出して書きなさい。〈愛媛〉〔15点〕

そのような作業を繰《く》り返すうちに、頭がだんだんと整理され、二次的な、あまり本質的でない部分がそぎ落とされ、問題の本質が煮《に》詰《つ》まってくるのです。

（上田正仁《うえだまさひと》『東大物理学者が教える「考える力」の鍛《きた》え方』より）

〔　　〕

4 次の文中の傍線部「すぐに」が修飾している一文節を、本文中から抜き出して書きなさい。〈佐賀〉〔15点〕

メールなどで、すぐにあからさまな表情をもつ絵文字にたよるようになったのも、いまわたしたちのもつ言葉がそれだけ表情をなくした言葉になっている、その渇《かわ》きのせいなのかもしれません。

（長田《おさだ》　弘《ひろし》『なつかしい時間』より）

〔　　〕

5 次の文章中の傍線部「叫《さけ》んだ」の主語を、一文節で抜き出して書きなさい。〈岐阜〉〔10点〕

「牛だ！」

思わず叫んだ。すると、隣《となり》のユリカがぼくの顔を見てから、大きな笑《え》みを浮《う》かべて叫んだ。

「牛だ！」

（関口《せきぐち》　尚《ひさし》『はとの神様』より）

〔　　〕

6 次の文中の傍線部「わたしの関心は」の述部に当たる二文節を、そのまま抜き出して書きなさい。〈愛媛〉〔10点〕

わたしの関心は、自然に対する研究が生み出した近代の科学技術が、どうして人間の行為によって自然の破壊をもたらすのかということに向かっていたから、アリストテレスの思考の中で、自然に対する研究と人間社会に対する研究とがどのようにつながっているかをテーマに研究を進めた。

（桑子《くわこ》敏雄《としお》『何のための「教養」か』より）

〔　　　　〕

7 次の文章中の傍線部が直接かかる文節を、あとのア〜エの中から一つ選び、記号で答えなさい。〈福井〉〔10点〕

なにも悪くない。誰《だれ》も悪くない。そういう親切な＊キットを売り出す人は、きっと入門者に対する親切心から、至れり尽《つ》くせりの状《じょう》況《きょう》を用意するのだろうし、そこまでしてやらないと、今の子どもたちは本当にものを作ろうとしない。

（森《もり》　博嗣《ひろし》『自分探しと楽しさについて』より）

（注）＊キット＝材料一式。

ア　親切心から　　イ　用意するのだろうし
ウ　子どもたちは　エ　しない

〔　　　　〕

8 次の文章中の傍線部「読んでいる」の、「読んで」と「いる」とはどのような関係ですか。最も適当なものをあとのア〜エから一つ選び、記号で答えなさい。〈三重〉〔10点〕

計画書を、父さんは目を丸くして読んでいる。北斗《ほくと》はちょっと得意な気分で説明した。

（竹内《たけうち》　真《まこと》『自転車冒険記《ぼうけんき》』より）

ア　修飾・被修飾の関係　イ　主語・述語の関係
ウ　補助の関係　エ　並立《へいりつ》の関係

〔　　　　〕

9 次の文中の傍線部①と②の文節と文節の関係は、あとのア〜エのどれにあたりますか。最も適当なものを一つ選び、記号で答えなさい。〈山口〉〔10点〕

石で石を打ちかいて、あるいは石で石を磨《みが》いて、先鋭《せんえい》な刃が製作されたわけだが、何万年もの時代をへた今日においてすら、それは十分にその達成に満足していい①バランスと②完成度をたたえている。

（原《はら》　研哉《けんや》『日本のデザイン―美意識がつくる未来』より）

ア　主語・述語の関係　イ　修飾・被修飾の関係
ウ　並立（対等）の関係　エ　補助の関係

〔　　　　〕

4 日目

文法2（自立語）

基礎問題

解答➡別冊解答5ページ

1 品詞の分類と自立語

(1) 次の各文の傍線部《ぼうせんぶ》の品詞名を書きなさい。

① ある村に、一人の漁師が住んでいた。

② 校長先生は、毎朝校門の前に立たれている。

③ 雪がどんどん積もり続けている。

④ やあ、今日はとてもよい天気だね。

⑤ この道具を使えばもっと楽だ。

⑥ 日が暮れる。でも、まだ家にたどりつかない。

⑦ 彼女《かのじょ》はもっと速く走れるはずだ。

⑧ 欲《ほ》しくないからもらわない。

2 活用のある自立語

(1) 次の各文の動詞の活用の種類をあとから一つずつ選び、記号で答えなさい。

① スーパーで卵を買った。

② 兄も来る予定です。

③ 壁《かべ》の色をもっと明るくしたい。

④ 明日はもう少し早く起きよう。

⑤ この漢字の読み方は覚えておこう。

ア 五段活用　イ 上一段活用　ウ 下一段活用　エ カ行変格活用　オ サ行変格活用

(2) 次の各文の動詞の活用形をあとから一つずつ選び、記号で答えなさい。

① あの店に行くときは、さそってください。

② 部屋にぬいぐるみを置く。

③ そんなに笑わないでください。

品詞の分類と自立語

・言葉の最小単位である単語は、自立語と付属語に分けられる。

・自立語は、①単独でも文節になり、②文節の最初にあり一文節に一つずつある。

注意！ 擬音《ぎおん》語・擬態語

「ガタゴト」「こっそり」などの擬音語・擬態語は副詞。

活用のある自立語

・活用のある自立語（動詞・形容詞・形容動詞）は、単独で文の述語になる単語で、用言という。

・動詞の活用の種類…①五段活用、②上一段活用、③下一段活用、④カ行変格活用、⑤サ行変格活用

よくでる 形容詞・形容動詞

形容詞は「い」、形容動詞は「だ・です」で言い切る。

➡要点まとめシートで確認《かくにん》しよう！

学習日　月　日

④こっちを向いてちゃんと聞け。〔　　〕
⑤夏休みは、海で泳いだ。〔　　〕
⑥話せばわかってくれると思うよ。〔　　〕

ア 未然形　イ 連用形
ウ 終止形　エ 連体形
オ 仮定形　カ 命令形

(3) 次の各文中の、傍線部の語が形容詞であればA、形容動詞であればBで答えなさい。

①川谷《かわたに》さんは親切に手を貸してくれた。〔　　〕
②思ったよりも軽かった。〔　　〕
③朝から暖かな日だ。〔　　〕
④一日中暖かかった。〔　　〕

3 活用のない自立語

(1) 次の名詞の種類をあとから一つずつ選び、記号で答えなさい。（①は傍線部の名詞）

①そのこと〔　　〕　②三つ〔　　〕
③東京都〔　　〕　④勉強机〔　　〕

ア 普通《ふつう》名詞　イ 固有名詞
ウ 数詞　エ 形式名詞

(2) 次の各文から副詞を一つずつ抜《ぬ》き出し、その種類をあとから選び、記号で答えなさい。

①もし私が遅《おく》れたら、行ってください。
副詞〔　　〕　種類〔　　〕
②飼い犬の名を呼ぶと、すぐに走ってきた。
副詞〔　　〕　種類〔　　〕
③裏山にある木はとても大きかった。
副詞〔　　〕　種類〔　　〕

ア 状態　イ 程度
ウ 呼応（陳述《ちんじゅつ》・叙述《じょじゅつ》）

(3) 次の各文中の接続詞の種類をあとから一つずつ選び、記号で答えなさい。

①こわい。だが、勇気を出そう。〔　　〕
②ゲームはしない。なぜなら、目が悪くなるからだ。〔　　〕
③さて、次は歴史の本でも読もう。〔　　〕
④彼女は医者だ。また、よき母でもある。〔　　〕
⑤晴れた。だから、散歩に出かけよう。〔　　〕
⑥緑茶にしようか。それとも、紅茶にしようか。〔　　〕

ア 順接　イ 逆接
ウ 並立《へいりつ》・添加《てんか》　エ 説明・補足
オ 対比・選択《せんたく》　カ 転換《てんかん》

活用のない自立語

・活用のない自立語で、文の主語になる単語（名詞）を体言という。

くわしく 名詞の種類

・普通名詞…「牛」「愛情」など
・固有名詞…「日本」など
・数詞…「七つ」「九冊」など
・形式名詞…「もの」など
・代名詞…「きみ」「どこ」など

活用のない自立語には、ほかに次のような品詞がある。

・連体詞…体言だけを修飾《しゅうしょく》する単語
・副詞…主として用言を修飾する単語
・接続詞…文節と文節、文と文をつなぐ単語
・感動詞…独立語になり、感動・呼びかけなどを表す単語

知っトク 接続詞の種類

・順接…例「そこで」
・逆接…例「しかし」
・並立・添加…例「そのうえ」
・説明・補足…例「ただし」
・対比・選択…例「もしくは」
・転換…例「ところで」

文法2（自立語）

基礎力確認テスト

解答→別冊解答5ページ

得点　　／100点

1 次の文中の空欄《くうらん》[a]・[b]に入る適切なことばを、それぞれ漢字で書きなさい。ただし、aは活用形、bは二字のことばとする。〈兵庫〉〔5点×2〕

五段活用の動詞の[a]に「て」や「た」が付くとき、「つくって」、「えがいた」のように音が変化することを[b]という。

a〔　　〕　b［　　］［　　］

2 次の文中の傍線部《ぼうせんぶ》「好きな」と品詞が異なる言葉を、あとの**ア**〜**エ**から一つ選び、記号で答えなさい。〈茨城〉〔10点〕

好きな人と待ち合わせしたけれど、三十分たっても一時間たっても来ない。

（栗木京子《くりききょうこ》『短歌をつくろう』より）

ア 立派な家を建てる。
イ おかしな話をする。
ウ はるかな時を思う。
エ 大切な人と会う。

〔　　〕

3 次の文章中の傍線部**ア**〜**エ**の中には、品詞が他と異なるものが一つある。その記号を書きなさい。〈三重〉〔10点〕

目を閉じると、ゆっくり（ア）背中を向ける沙耶《さや》ちゃんがうかんだ。おととい、引き止めようとするわたしの気配をふり切るように、ぴょんと助走をつけて走りだした姿。それから、少し（イ）はなれてくるりとわたしにふり返り、大きく（ウ）一回手をふる姿……。

あの沙耶ちゃんともう会えない……そう（エ）思ったとたん、今までこらえていた涙《なみだ》があふれてきた。（薫《くん》くみこ『ぜんぶ夏のこと』より）

〔　　〕

4 次の文章中の傍線部「打た」は、五段活用の動詞「打つ」の活用したものである。この「打つ」と活用の種類が同じ動詞を、あとの**ア**〜**オ**の傍線部から一つ選び、記号で答えなさい。〈新潟〉〔10点〕

下山しだすと、一歩ごとに酸素が濃《こ》くなっていくのが感じられ、身体に沁《し》みてくるのがわかった。それにつれて脳も動きだす。そして四〇〇〇メートルの場所まで下りたとき、詩人は突然《とつぜん》ある強い感情に打たれた。

（中村邦生《なかむらくにお》『いま、きみを励《はげ》ますことば――感情のレッスン』より）

ア 外に出ると、日の光がまぶしく感じられた。
イ 夜空を見ると、空一面に星が輝《かがや》いていた。
ウ 思い切り走ると、さわやかな気分になった。
エ 皆《みな》で演奏すると、力強い音が響《ひび》いてきた。

オ　兄が来ると、家の中がにぎやかになった。

〔　　　〕

5　次の文中の傍線部「たとえ」のはたらきを説明したものとして最も適当なものを、あとのⅠ群の**ア**〜**エ**から一つ選び、記号で答えなさい。また、「たとえ」と同じはたらきをもつ語として最も適当なものを、あとのⅡ群の**カ**〜**ケ**から一つ選び、記号で答えなさい。〈京都〉〔10点×2〕

日本の都市には森林とよべるほどのものは稀《まれ》であるが、たとえそれに類するものがあったとしても、それが本来の自然の森林とは量的質的に劣《おと》ることは致《いた》し方あるまい。

（只木良也《ただきよしや》『ヒトと森林』より）

Ⅰ群
ア　ある状態がどのくらいであるかを表す。
イ　下にきまった言い方を求める。
ウ　ある動作がどのような様子で行われているかを表す。
エ　あとに付く体言（名詞）を修飾《しゅうしょく》する。

Ⅱ群
カ　ゆっくり　**キ**　もっと
ク　もし　**ケ**　あらゆる

Ⅰ〔　　　〕　Ⅱ〔　　　〕

6　次の文中の傍線部「久しい」と同じ品詞である単語を、あとの文章から抜《ぬ》き出して答えなさい。〈新潟〉〔15点〕

あの鉄工所のような情景が、日常生活から遠い存在になって久しい。

人は生まれるとともに道具に接し、道具の恩恵《おんけい》を受けて成長していく。私たちの身の回りには、さまざまな便利な道具があり、生活を明るく豊かにしてくれている。

〔　　　〕

7　次の文中の傍線部の品詞名を書きなさい。〈鹿児島〉〔15点〕

私はもう端《はし》っこが擦《す》り切れている小さなノートを取り出して、理《り》佳子《かこ》に渡《わた》した。

（梅田《うめだ》みか『海と真珠《しんじゅ》』より）

〔　　　〕

8　次の文中の傍線部「はたして」は、どの部分と呼応していますか。あとの**ア**〜**エ**の中から一つ選び、記号で答えなさい。〈宮崎〉〔10点〕

そのとき、はたしてあなたは画面の上にある色や形を、写真機のレンズが対象のイメージをそのまま映すように見ているかどうか、考えてみれば疑問です。

（岡本《おかもと》太郎《たろう》『今日の芸術』より）

ア　対象のイメージを　**イ**　そのまま映すように
ウ　見ているかどうか　**エ**　考えてみれば疑問です

〔　　　〕

5日目

文法3（付属語）

基礎問題

解答→別冊解答6ページ

1 助動詞のはたらきと種類

(1) 次の傍線《ぼうせん》部の助動詞の意味をあとから一つずつ選び、記号で答えなさい。

①とても見てはいられなかった。　〔　　〕

②母にもこの写真を見せてあげたい。　〔　　〕

③あの道を曲がれば、山が見えよう。　〔　　〕

④妹に持って行かせよう。　〔　　〕

⑤父のように思いやりのある人間になりたい。　〔　　〕

⑥やっとのことで宿題が終わった。　〔　　〕

ア 使役《しえき》　イ 打ち消し　ウ 希望　エ 例示　オ 推量　カ 完了《かんりょう》

(2) 次の傍線部の中で、一語の助動詞であるものには○、そうでないものには×を書きなさい。

①どのように話せばよいかわからない。　〔　　〕

②あの本はもう店には置いてない。　〔　　〕

③彼《かれ》の妹はまだおさない。　〔　　〕

④子どもらしいふるまいをする。　〔　　〕

⑤あのうわさは、うそらしい。　〔　　〕

(3) 次の傍線部の助動詞と同じ意味・用法のものをあとから一つずつ選び、記号で答えなさい。

①このセーターはまだ着られる。　〔　　〕

②子どもの頃《ころ》に過ごした町が思い出される。　〔　　〕

助動詞のはたらきと種類

・付属語は、①単独では文節をつくることができず、②自立語のあとに付く。

・助動詞は活用のある付属語。

助動詞のはたらき

・意味を付け加える。

例 先生が話される。（尊敬）

・判断を表す。

例 彼が主将だ。（断定）

・意味が一つだけの助動詞

使役…せる・させる／打ち消し…ない・ぬ（ん）／希望…たい・たがる／断定…だ／丁寧《ていねい》な断定…です／丁寧…ます／推定…らしい

・意味が二つ以上ある助動詞

受け身・可能・自発・尊敬…れる・られる／過去・完了・存続・確認《かくにん》…た（だ）／推量・意志・勧誘《かんゆう》…う・よう／否定の意志・否定の推量…まい／伝聞・推定(様態)…そうだ／推定・比況《ひきょう》(たとえ)・例示…ようだ

学習日　月　日

③彼からはたくさんのことを教えられた。 〔　　〕

ア　お客様が帰られる。
イ　書道の作品を先生にほめられる。
ウ　試合ならこの席からでも見られる。
エ　遠くへ行った友のことがしのばれる。

(4) 次のア～ウの傍線部の助動詞の中で、意味の異なるものを一つ選び、記号で答えなさい。
ア　山中《やまなか》さんは、テニス部に入るそうだ。
イ　柿《かき》の実が今にも落ちてきそうだ。
ウ　先生から教われば理解できそうだ。
〔　　〕

2 助詞のはたらきと種類

(1) 次の各文から助詞を探し、例にならって右側に傍線を引きなさい。

例　昨日は友だちとプールへ行った。

①暗くなったので、家に帰るよ。
②あの本は、どこに置いただろうか。
③彼は小柄《こがら》なものの、すばらしい体力がある。
④のどが痛くて、おかゆしか食べられない。

(2) 次の傍線部の助詞の種類をあとから一つずつ選び、記号で答えなさい。
①休憩《きゅうけい》してお茶でも飲もう。 〔　　〕
②グラウンドで野球をする。 〔　　〕
③あの映画、とてもおもしろかったね。 〔　　〕
④あわててけがをしたりしないでよ。 〔　　〕

ア　格助詞　　イ　接続助詞
ウ　副助詞　　エ　終助詞

(3) 次の傍線部と同じはたらきをしているものを、それぞれあとから一つずつ選び、記号で答えなさい。
①廊下《ろうか》を走ると危ないよ。 〔　　〕
ア　早くしないと、約束の時間に遅《おく》れてしまう。
イ　「おはよう」と声をかけた。
ウ　こちらの帽子《ぼうし》と、どちらがよいですか。
エ　日曜日は、母と買い物に出かけた。
②あいさつもせずに帰って行った。 〔　　〕
ア　今さら急いでも、もう間に合わない。
イ　あなたも話し合いに参加しませんか。
ウ　わかりもしないのに、口を出すな。
エ　山だけでなく、海も美しかった。

知っトク 「ない」の識別

「ない」を「ぬ」に置きかえても意味が通じる
→打ち消しの助動詞
意味が通じない
→形容詞・形容詞の一部

よくでる 「れる・られる」の識別

・「(～に)～される」…受け身
・「～できる」…可能
・「自然に～する」…自発
・「お～になる」…尊敬

助詞のはたらきと種類

・助詞は活用のない付属語。
・格助詞…主に体言に付き、文節が文のどの成分になるかを決めたり、文節どうしの関係を示したりする。
・接続助詞…主に用言に付き、文節や文をつなぐ。
・副助詞…いろいろな語に付き、強調・程度・限定などの意味を付け加える。
・終助詞…主に文の終わりに付き（文中で、文節の終わりに付くこともある）、感動や疑問・禁止など、語り手の気持ちや態度を表す。

文法3（付属語）

基礎力確認テスト

解答➡別冊解答6ページ

得点 ／100点

1 「食べられない」の傍線部《ぼうせんぶ》「ない」と、文法上、同じ働きをしているものはどれか。次の**ア**～**エ**から一つ選び、記号で答えなさい。〈岩手〉〔15点〕

ア 負担がかからないよう無理をさせない。
イ これまでのやり方が悪いわけではない。
ウ 機会を逃してしまうのはもったいない。
エ 彼の夢がかなう日はそれほど遠くない。

〔　　〕

2 次の文中の傍線部「間違《まちが》った」の「た」と同じ意味・用法のものを、あとの**ア**～**オ**から一つ選び、記号で答えなさい。〈福島〉〔10点〕

そのいずれであっても、相手の間違った（と思われる）意見に対して、やはり尊重しなければならない。
（森《もり》　博嗣《ひろし》『自分探しと楽しさについて』より）

ア 登校中、変わった形の車を見かけた。
イ 今日は、見たかった映画を見に行く。
ウ 昨夜は、寒かったから重ね着をした。
エ 彼は、誰《だれ》にでも歌声を聴《き》かせたがる。
オ 友人は、旅行が楽しかったと喜んだ。

〔　　〕

3 次の文章中の傍線部「楽しいことばかり」の「ばかり」と同じ意味・用法のものを、あとの**ア**～**オ**から一つ選び、記号で答えなさい。〈福島〉〔10点〕

生きていくことには、嬉《うれ》しいこと、楽しいことばかりがあるのではありません。苦しいこと、つらいこと、悲しいこと、これらすべてを経験していくことが生きていくことなのです。
（清水《しみず》　博《ひろし》『近代文明からの転回』より）

ア 腕《うで》もちぎれんばかりに旗を振《ふ》った。
イ ここぞとばかりに相手チームを攻《せ》め立てる。
ウ 彼はいつも自分のことばかり話す。
エ 買ったばかりの自転車で出かける。
オ 手を貸したばかりにかえって混乱した。

〔　　〕

4 「先生がプリントを黒板に掲示《けいじ》する。」の傍線部と文法的に同じ意味・用法のものはどれか。次の**ア**～**エ**から一つ選び、記号で答えなさい。〈栃木〉〔10点〕

ア 港の市場は、新鮮《しんせん》な魚介類《ぎょかい》を豊富にそろえている。
イ 陸上競技部員が、ゴールを風のように走り抜《ぬ》ける。
ウ 朝顔のつぼみが大きくなって、今にも咲《さ》きそうだ。
エ とんぼが飛んできて、私の麦わら帽子《ぼうし》に止まった。

〔　　〕

5 次の文中の傍線をつけた「の」のうち、同じはたらきをするものの組み合わせとして最も適するものを、あとの**ア**～**エ**から一つ選び、記号を書きなさい。〈神奈川〉〔20点〕

雪①の降り積もった広場で、近所②の友だちと時③のたつ④のも忘れて雪合戦をした。

ア ①と③　**イ** ①と④
ウ ②と③　**エ** ②と④
〔　　〕

6 傍線部「胸の内で」とありますが、この中で用いられている「で」の品詞名を書きなさい。また、傍線部中の「で」と異なる品詞の「で」を用いたものを、あとの**ア**～**エ**から一つ選び、記号で答えなさい。〈徳島〉〔完答10点〕

胸の内で、ひとり不安な気持ちとたたかっていた理央《りお》は、ほっと息をもらした。
（まはら三桃《みと》『鷹《たか》のように帆《ほ》をあげて』より）

ア 弟と妹は仲良く遊んで、公園から帰ってきた。
イ 二つ年上の私の姉は看護師で、明るい性格の持ち主だ。
ウ いつもどおり自転車で、夕食の買い物に出かけた。
エ 近所の山で、来年の夏休みにはキャンプをする予定だ。

品詞名〔　　〕　記号〔　　〕

7 次の文中の傍線部「こそ」のはたらきを説明したものとして最も適当なものを、あとの**ア**～**エ**から一つ選び、記号で答えなさい。〈京都〉〔10点〕

子供の目には裸《はだか》に見える王に着衣を見立てていくイマジネーションこそ、茶の湯にとっての創造だからである。
（原《はら》 研哉《けんや》『日本のデザイン―美意識がつくる未来』より）

ア 移動の方向や到達《とうたつ》点を表す。　**イ** 程度や限定を表す。
ウ 取り立てて強調する。　**エ** ある事物を例示する。
〔　　〕

8 次の文中の傍線部「さえ」と、意味・用法が同じものを、あとの**ア**～**エ**から一つ選び、記号で答えなさい。〈宮崎〉〔15点〕

また私たちはややもすると、社会が定めた路線（レール）から外れないで、組織が定めた規則（ルール）を守りさえすれば、自らの行動を正当化できると思い込《こ》んでしまうこともあります。
（矢野《やの》 創《はじめ》『星のかけらを採りにいく』より）

ア 元気でさえいてくれればいい。
イ 初心者さえたやすくできる。
ウ 風ばかりか雨さえ降り出した。
エ テレビの音さえ気にならない。
〔　　〕

6 日目

敬語

基礎問題

1 敬語のはたらきと分類

(1) 次の各文の傍線部《ぼうせんぶ》の敬語の種類として最も適切なものをあとから一つずつ選び、記号で答えなさい。

①お弁当を作ってください。〔　〕

②その本は明日読みます。〔　〕

③先生が手紙をお書きになる。〔　〕

④粗品《そしな》ですがお受け取りください。〔　〕

⑤田中《たなか》様にそう申し上げました。〔　〕

⑥資料をご覧になりますか。〔　〕

ア 尊敬語　**イ** 謙譲語《けんじょう》　**ウ** 丁寧語《ていねい》

(2) 次の**ア**～**エ**の傍線部の敬語について、種類が異なるものを一つ選び、記号で答えなさい。

ア 先生は少し変わられた。

イ あとでご連絡《れんらく》をいたします。

ウ 荷物をお持ちします。

エ 日曜日は家におります。

〔　〕

2 尊敬語

解答↓別冊解答7ページ

(1) 次の各文の傍線部を、〈　〉の指示にしたがって、尊敬語に書き直しなさい。

①何でも言ってくださいね。
〈↓尊敬の動詞を使う〉〔　〕

②飲み物は何にしますか。
〈↓尊敬の動詞を使う〉〔　〕

③このペンを使いますか。
〈↓「お～になる」を使う〉〔　〕

④その本は先生が執筆《しっぴつ》した。
〈↓「ご～なさる」を使う〉〔　〕

⑤あの方はいつも楽しそうに話す。
〈↓「れる・られる」を使う〉〔　〕

敬語のはたらきと分類

①尊敬語、②謙譲語（さらに「動作を受ける人に対する敬意」と「聞き手に対する敬意」に分けられる）、③丁寧語（さらに「美化語」という分け方をする考えもある）。

尊敬語

動作をする人に敬意を表す。

例 お客様が召《め》し上がる。

→動作主の「お客様」に敬意を表している。

・特別な動詞を使った尊敬表現（「いらっしゃる」←「行く」「来る」など。）

・助動詞を使った尊敬表現

例「お客様が来られる。」

・特別な形を使った尊敬表現（「お(ご)～になる」「お(ご)～なさる」など。）

謙譲語ー

自分の動作をへりくだることで、動作を受ける人に敬意を表す。

➡要点まとめシートで確認《かくにん》しよう！

学習日　月　日

3 謙譲語一

(1) 次の各文の傍線部を、〈　〉の指示にしたがって、謙譲語に書き直しなさい。

① 父と二人で行きます。
〈→謙譲の動詞を使う〉

② 貴重な書籍《しょせき》をゆずってもらう。
〈→補助動詞「いただく」を使う〉

③ 予定が変わったので先生に連絡する。
〈→「ご～する」を使う〉

4 謙譲語二

(1) 次の各文の傍線部を、聞き手に尊敬の意を表すように謙譲の動詞を用いて書き直しなさい。

① 先週から休暇《きゅうか》をとっています。

② 家具の配置を変えたほうがよいかと思います。

③ 弟の名前は一郎《いちろう》といいます。

(2) 次の文に続く敬語を使った言葉として正しいものをそれぞれ一つずつ選び、記号で答えなさい。

① 皆様《みなさま》のお食事は私たちが

ア お作りなさいます。
イ お作りします。
ウ お作りになります。

② よろしければ、お子様と順番を代わって

ア 差し上げます。
イ やられます。
ウ やります。

5 丁寧語

(1) 次の各文の傍線部を、丁寧語または美化語に書き直しなさい。

① あなたの気持ちはとてもよくわかる。

② 私に何か用はありますか。

③ あちらに見えるのが富士山《ふじさん》だ。

④ こちらに違《ちが》う色の商品もある。

例 お客様に差し上げる。
→動作を受ける「お客様」に敬意を表している。
・特別な動詞を使った謙譲表現（「拝見する」←「見る」など。）
・補助動詞を使った謙譲表現　例「書類を持っていただく。」
・特別な形を使った謙譲表現（「お（ご）～する」の形。）

謙譲語二
聞き手に対してへりくだる。
例 十時にはそちらへ参ります。
謙譲の動詞＝「申します」「いたします」「参ります」「おります」「存じます」の五語（丁重《ていちょう》語）を用いて敬意を表す。

丁寧語
聞き手に対して敬意や丁寧な気持ちを表す。
・丁寧の意味を含《ふく》む助動詞を使う。（例 こちらの席です。）
・丁寧の意味を含む動詞・補助動詞「ございます」を使う。
・話題の物事や動作を丁寧な言い方にすることにより、聞き手・読み手に丁寧な気持ちを表す。美化語ともいう。（例 お花が咲《さ》いた。）

敬語

基礎力確認テスト

解答➡別冊解答7ページ

得点　／100点

1 次の文章の傍線部《ぼうせんぶ》「清掃《せいそう》している」を、意味を変えずに「地域の方々」に対する敬意を表す適切な表現に直して書きなさい。〈茨城〉〔10点〕

私は、地域の方々が清掃しているのを見て、少なくとも自分はポイ捨てはしないようにしようと心がけるようになりました。誰《だれ》かが清掃している姿を見ると、そこにごみを捨てることに抵抗《ていこう》を感じる人も多いのではないでしょうか。ですから、運動部員だけでなく、全校生徒が交替《こうたい》で毎日ごみ拾いをすることにしたらいいと思います。

〔　　〕

2 次の文の傍線部を謙譲語《けんじょうご》を使って敬意を高める表現に書きかえなさい。〈北海道〉〔15点〕

クラス会への出欠について、先生から返事をもらう。

〔　　〕

3 敬語の使い方として誤った表現を含《ふく》む文を次の**ア**〜**エ**から一つ選び、記号で答えなさい。〈高知〉〔10点〕

ア 母が先生にお会いしたいと申しております。
イ 私たちの学級新聞ができましたので、先生も拝見してください。
ウ 学習発表会の当日は、お客様が大勢いらっしゃいます。
エ 春休みに、先生のお宅にうかがってもよろしいですか。

〔　　〕

4 次の文章の傍線部①・②の敬語表現について、正しければ「○」を書きなさい。誤っている場合は、正しいものをあとの**ア**〜**エ**の中から一つ選び、記号を書きなさい。ただし、同じ記号を二回使ってもよい。〈山梨〉〔5点×2〕

放課後、私たち学園祭実行委員は校長室に①伺《うかが》い、学園祭開会式でのご挨拶《あいさつ》をお願いしました。校長先生は快く引き受けてくださり、私たちに学園祭の取組《とりくみ》の進行状況《じょうきょう》について②伺いました。

ア お聞きになり　**イ** 行かれ
ウ いらっしゃり　**エ** お聞きし

①〔　　〕　②〔　　〕

5 次の文章中の傍線部「地域の皆《みな》さん」に対する敬語の使い方について説明したものとして最も適当なものをあとから一つ選び、記号で答えなさい。〈神奈川〉〔20点〕

本日の校外清掃にはたくさんの地域の皆さんにご参加していただき、ありがとうございました。私たち生徒もこの地域がもっときれいになるようがんばりますので、これからもご協力ください。

ア「ご参加していただき」は、敬意が十分でないので、「ご参加されていただき」にするのがよい。
イ「ご参加していただき」は、敬語表現として適切でないので、「ご参加いただき」にするのがよい。
ウ「ご協力ください」は、敬意が十分でないので、「協力になってください」にするのがよい。
エ「ご協力ください」は、敬語表現として適切でないので、「ご協力してください」にするのがよい。

〔　　〕

6 次の文章中の傍線部の中の「くれて」を、「先生」に対する敬意を表す表現にしたい。「くれて」を敬意を表す表現に言い換え、傍線部を書き直しなさい。〈静岡〉〔15点〕

全体の構成を決める際には、先生が助言をしてくれて、まとまっていきました。そして、本番では、息の合ったダンスを披露できました。

〔　　〕

7 次の文章は、学校祭で放送する原稿《げんこう》の下書きです。傍線部**ア**～**エ**の中から敬語の使い方が正しいものを一つ選び、記号で答えなさい。〈栃木〉〔10点〕

来場の皆様に、**ア**ご連絡をなさいます。ご迷惑《めいわく》をおかけしました食堂の混雑が解消されましたので、ぜひご利用下さい。すでに食券をお持ちで、まだ食事を**イ**いただいていない方は、ご注文の品と**ウ**お引き換《か》えします。なお、食券との引き換えは、午後二時までとなっていますので、お早めに**エ**お参りください。

〔　　〕

8 次の傍線部「ございます」の敬語の種類として最も適当なものを、あとの**ア**～**ウ**から一つ選び、記号で答えなさい。〈沖縄改〉〔10点〕

「まことに粗末《そまつ》な茶わんをおつけもうしまして、申しわけはありません。いつであったか、町へ出ましたときに、安物を買ってまいりましたのでございます。このたび不意に殿《との》さまにおいでを願って、この上のない光栄にぞんじましたが、町まで出て茶わんを求めてきます暇《ひま》がなかったのでございます」と、正直な百姓《ひゃくしょう》はいいました。
（小川未明《おがわみめい》『殿さまの茶わん』より）

ア 尊敬語　**イ** 謙譲語　**ウ** 丁寧語

〔　　〕

読解1（論説文①）

基礎問題

■次の文章を読んで、あとの問いに答えなさい。

Ⅰ　ゼロテクノロジーという*1コンセプトがある。略称《りゃくしょう》ゼロテク。近代科学テクノロジーは新しい物質を、新しいメカニズムを、あるいは新しいエネルギーを「作り出す」ことに一貫《いっかん》してそのア心血を注いできた。

Ⅱ　[①]、まさにそのテクノロジーが生み出したさまざまな廃棄物《はいきぶつ》によって、私たちは今、大きな*2リベンジを受けている。つまり、今後、私たちが求めるのはただモノを作り出すテクノロジーではなく、むしろ「なくす」「元《もと》に戻す」「守る・保つ」といった働きにイトッカすることによって新たな価値を生み出すような、そのようなテクノロジーが必要とされるのではないか。これがゼロテクである。

Ⅲ　具体的には、安全に地雷《じらい》を爆破《ばくは》・除去する地雷除去機、使用済み家電やパソコンなどを徹底的《てっていてき》に分解・分別し、再資源化している家電製品リサイクル工場などが挙げられている。なかなか興味深いウチャクガン点だ。

解答→別冊解答8ページ

1 漢字

本文中の傍線部《ぼうせんぶ》ア～エのカタカナは漢字に直し、漢字はその読みをひらがなで答えなさい。

ア〔　　〕　イ〔　　〕
ウ〔　　〕　エ〔　　〕

2 接続語

本文中の空欄《くうらん》[①]～[③]に入る最も適切なものを次からそれぞれ選び、記号で答えなさい。ただし、一つの語は一度しか選べない。

ア　しかし　イ　たとえば　ウ　いかにも
エ　ただし　オ　もしくは　カ　なぜなら

①〔　　〕　②〔　　〕　③〔　　〕

3 指示内容の把握《はあく》

傍線部「これ」が指す内容を説明した次の文章の[　]に入る部分を、aは八字、bは十六字でそれぞれ本文中から書き抜《ぬ》いて答えなさい。

論説文の読み方1

①文章中にくり返して使われ、その文章の話題につながる「キーワード」をつかむ。この文章のキーワードは「ゼロテクノロジー（ゼロテク）」である。

②段落のはじめに使われている接続語から、段落と段落の関係をつかみ、文章の構成をとらえる。

③文章の細部を、次の点に注意して読む。
・指示語が指す内容
・段落中で使われている接続語の働き
など。

【段落の要点】
Ⅰ・Ⅱ従来のテクノロジーとゼロテクノロジー（ゼロテク）の特徴《とくちょう》
Ⅲゼロテクの具体例
Ⅳゼロテクの問題点
Ⅴ・Ⅵゼロテクの問題点が顕在化した具体例

学習日　月　日

Ⅳ　[②]、いくつか考慮《こうりょ》しなければならない論点がある。自然現象は常にエントロピー＝乱雑さが増大する方向に進む。ゼロテクの主張する「なくす／元に戻す／守る」というのは、エントロピー増大をできるだけ押《お》しとどめる、[③]秩序《ちつじょ》を常に再構築する、ということだから、それには膨大《ぼうだい》なエネルギーとコストがかかることになる。つまり、コーヒーと牛乳からコーヒー牛乳を作ることはできるが、コーヒー牛乳をコーヒーと牛乳に戻すことは容易ではない。この点を過小評価することはできない。

Ⅴ　これは、再生紙のリサイクル問題において顕在《けんざい》化《か》した。いったん出来上がったものから有用なものを再《さい》エ抽出し、もう一度、有効利用する、ということは、増大したエントロピーを元に戻すということである。

Ⅵ　紙を裁断し、その繊維《せんい》を再溶解《さいようかい》し、さまざまな色のインクを取り除く。これには膨大な手間暇《てまひま》とコストがかかる。そして出来上がった再生紙も元通りのきれいな白色ではない。紙のセルロース繊維深くに染《し》み込んだ着色を完全に脱色《だっしょく》することはできないからである。それゆえに、経済効率からすれば、一から作ったほうがいいじゃないか、となりがちだ。

（福岡伸一《ふくおかしんいち》『動的平衡《へいこう》2』より）

（注）＊1コンセプト…概念《がいねん》。　＊2リベンジ…仕返し。

「なくす／元に戻す／守る」といった、[a]の主張を実現するには、[b]ということ。

a
b

4 段落内容の把握

本文を内容の面から二つに分けると、後半はどの段落から始まりますか。Ⅱ～Ⅵから一つ選び、記号で答えなさい。

〔　　〕

5 本文の要旨《ようし》

本文の内容として正しいものを次から一つ選び、記号で答えなさい。

ア　ゼロテクは近代科学の成立当初から主張されてきた。
イ　ゼロテクの考え方を実現する方法は見つかっていない。
ウ　リサイクル推進のためにゼロテクを有効利用すべきだ。
エ　エントロピーの増大に逆らうのは経済的には非効率だ。

〔　　〕

接続語

[①]・[②]　前後の段落の関係から考える。

[③]　「なくす／元に戻す／守る」とはどのようなことかを並列《へいれつ》して述べている。

指示内容の把握

「これ」が直接に指示する内容は直前の段落末尾《まつび》の「この点」であるので、さらにさかのぼってこの指示内容を確《かく》認《にん》する。

知っトク　指示内容の探し方

指示語が指す部分に、さらに指示語が含《ふく》まれる場合は、さらにさかのぼってその内容を確認する。

段落内容の把握

この文章の話題について、前半では肯定的《こうてい》に述べているが、後半では問題点を述べている。

本文の要旨

六つの段落の要点をまとめ、選択肢《せんたくし》の内容と照らし合わせてみるとよい。

読解1（論説文①）

基礎力確認テスト

解答↓別冊解答8ページ

得点　　／100点

■次の文章を読んで、あとの問いに答えなさい。〈千葉〉

茶道や武道の世界には「守・破・離《り》」という教えがあります。これはその人のレベルに応じて、それぞれの段階でどのようなことを実践《じっせん》すべきかを示したものです。三つの段階を簡単に説明しておくと、「守」は決まった作法や型を守る段階、次の「破」はその状態を破って作法や型を自分なりに改良する段階、そして、最後の「離」は作法や型を離《はな》れて独自の世界を開く段階です。

一般的《いっぱんてき》には、すべての学習は真似《まね》から始まります。手本に従って［　A　］ことを求められるのです。これがまさに「守」です。

決められていることを生真面目《きまじめ》に守るこの段階は、繰《く》り返しも多く非常に面倒《めんどう》だし、なによりもやっているほうは面白くもなんともありません。そのためそこで我を通して自己流でいきたがる人がいます。しかし、①自分の土台をつくるためには、素直《すなお》に手本を真似るほうが結果として早く進歩することができます。

実際、初期の段階で我慢《がまん》して手本の真似を徹底的《てっていてき》に繰り返していると、そのうちに手本と同じようにやることの意義や、手本から外れたときに生じるデメリットが理解できるようになります。ここまでくると「強制されて仕方なく守っている」というより、「自ら望んで守っている」という状態になります。やっていることの内容や価値を自分なりに理解しているので、自分の意思で率先《そっせん》して手本を守るようになるのです。

ところで、世の中にはこの状態で満足してしまう人がたくさんいます。そのような人は、当然のことながらそれ以上の進歩はありません。

本当に楽しいのはここからです。この段階まで来た人は、自分で創意工夫《くふう》をしながらいろいろなことが試せるようになります。内容を理解しているため、従来の方法よりもっといい方法はないかと自分で探すことができるからで、そのような能力があるのに何もしないのはもったいないことです。

そして、この状態がまさに作法や型を破る「破」の段階です。基本的には、作法や型を手に入れて、そこからさらに出ようと意識して行動した人だけが進歩を続けられるのです。もちろん、このときの試行錯誤《しこうさくご》はしっかりとした経験と根拠《こんきょ》に基《もと》づくものなので、初心者があてずっぽうで行動するのとはまったく違《ちが》います。決められた道から外れても、それによって致命的《ちめいてき》な失敗を犯《おか》す危険性は極めて低いし、むしろこのときの行動はより効率的で合理的な方法の創出につながる可能性も大です。

従来の作法や型を破るというのは、悪いことのように思えます。しかし、変化のあまりない業界ではともかく、現実の世界ではそのようにしなければいけない場面は意外にたくさんあります。

それは時代の変化とともに、周囲の条件の変化も必ず起こっているからです。こうした場合は従来の作法や型をそのまま使うことに無理が生じるわけですから、それに合わせて作法や型を変えていくのはむしろ当然といってもいいでしょう。何より条件が変わっているのに従来の作法や型をそのまま使い続けていることのほうが、問題であり危険なことなのです。

いずれにしても、②このような試行錯誤を何度も繰り返した人は、理解と経験に基づいてこれまでとはまったく別のものを自分の力で新たに生み出すことができます。これが最後の「離」の意味です。このレベルにある人は、従来の技術やシステムを常に効率よく運用できるだけでなく、制約条件の変化や外部からの新たな要求に合わせて全体をつくり変えることもできます。それゆえ「離」に到達《とうたつ》した人は「優《すぐ》れた創造力の持ち主」とされているのです。

（畑村洋太郎《はたむらようたろう》『組織を強くする　技術の伝え方』より）

1 文章中の[A]に入る言葉として最も適当なものを、次の**ア**〜**エ**のうちから一つ選び、その記号を書きなさい。〔20点〕

ア それと似た手本を作る　**イ** それと同じようにする

ウ それを合理的に改める　**エ** それを学べる場を守る

〔　　〕

2 文章中に①自分の土台をつくるとあるが、そのときに理解することが具体的に述べられている部分を、文章中から三十字以上、四十字以内で抜《ぬ》き出して、はじめと終わりの五字をそれぞれ書きなさい。〔完答20点〕

□□□□□〜□□□□□

3 文章中の②このような試行錯誤の内容を示した次の文の[　]に入る言葉を、文章中の言葉を用いて二十字以上、二十五字以内で書きなさい。〔20点〕

> 従来の作法や型から出ようと意識してもっと効率的で合理的な方法を自分で探す試みや、[　]試み。

4 この文章で、筆者は、どのような人を「離」に到達した人と考えているか。その例として最も適当なものを、次の**ア**〜**エ**のうちから一つ選び、その記号を書きなさい。〔20点〕

ア 古典作品で実績を積むとともに海外進出に成功し、伝統芸能の世界に新境地を開いた狂言《きょうげん》の役者。

イ 明治時代より続く老舗《しにせ》のホテルを守るために、初心に戻《もど》ってホテル経営を基礎《きそ》から学び直す社長。

ウ 和食界に革命を起こそうとして板前の修業を中断し、アジアやヨーロッパを放浪《ほうろう》している料理人。

エ 新しい製品が次々と発売される中、地元客を大切にし伝統の味にこだわり続ける和菓子《わがし》店の店主。

〔　　〕

5 この文章の構成を説明したものとして最も適当なものを、次の**ア**〜**エ**のうちから一つ選び、その記号を書きなさい。〔20点〕

ア まず話題を端的《たんてき》に示し、説明をしたのちに課題を挙げている。

イ まず結論を示し、説明をしたのちに改めて結論を述べている。

ウ 内容を一つずつ詳《くわ》しく説明したのちに、全体をまとめている。

エ 全体像を示したのちに、内容を一つずつ詳しく説明している。

〔　　〕

読解2（論説文②）

学習日　月　日

基礎問題

■次の文章を読んで、あとの問いに答えなさい。

Ⅰ ①時間だけは万人（ア）に平等に与《あた》えられている、というような言い方がなされることがある。②たしかに時計や暦《こよみ》で計られる時間の長さは、誰《だれ》にとっても同じかもしれない。③だが、寿命《じゅみょう》の違《ちが》いだけを見ても、かならずしも時間は平等に振《ふ》り分けられてはいない。④そもそも時間の価値は、それを何に用いるかによってまったく違ってくる。

Ⅱ ［⑤］ *無為《むい》に過ごす一時間と勉強や労働にツイやす（イ）一時間とでは、その価値がまったく違う。同じ勉強・労働をするのに一時間あれば十分な人間と二時間必要な人間がいたとすれば、前者は同じ時間に二倍の価値をフヨ（ウ）できることになる。

Ⅲ 人の一生もまた、生物として生きた長さではなく、その人が天から与えられた時間のなかでどれだけ価値のある仕事をしたかで計られるべきものだ。ただ漫然《まんぜん》と生きる八十年より、樋口一葉《ひぐちいちよう》（一八七二—九六。小説家）の生きた二十四年、ジョン・キー

解答➡別冊解答9ページ

1 漢字

本文中の傍線部《ぼうせんぶ》ア〜エのカタカナは漢字に直し、漢字はその読みをひらがなで答えなさい。

ア〔　　〕　イ〔　　〕

ウ〔　　〕　エ〔　　〕

2 段落内容の把握《はあく》

段落Ⅰ中の①〜④の文のうち、この文章全体で筆者が言いたいことに最も関わってくる文として適切なものを選び、番号で答えなさい。

〔　　〕

3 接続語

本文中の空欄《くうらん》［⑤］・［⑥］に入る最も適切な語を次からそれぞれ選び、記号で答えなさい。

ア しかし　イ まるで　ウ たとえば

エ そこで　オ まして　カ いかにも

⑤〔　　〕　⑥〔　　〕

論説文の読み方2

論説文は筆者が自身の何らかの意見（主張）を伝えるために書かれたものである。主張をとらえるには、次のような点に注意して読む。

①段落の中心文をとらえ、各段落の要点を押《お》さえる

具体例などの「事実」と、筆者の「考え」を分けて読む。段落の要点となる中心文は「考え」を述べた文であることが多い。

②段落相互《そうご》の関係をとらえ、本文全体の文脈を理解する

段落の要点を押さえたら、それぞれの段落の関係をとらえ、本文全体がどのような流れ（文脈）で書かれているのかを押さえる。

【各段落の役割】
Ⅰ話題の提示
Ⅱ・Ⅲ具体例の提示
Ⅳ具体例についての説明
Ⅴ結論

ツ（一七九五—一八二一。イギリスのロマン派詩人）の生きた二十五年、正岡子規《まさおかしき》（一八六七—一九〇二。俳人・歌人）の生きた三十五年のほうがはるかに重い。

Ⅳ　ついつい我々は、人間七十、八十まで生きるのが普通《ふつう》であるとの先入観からか、そこまで齢《よわい》を重ねずしてこの世を去る人の人生が、あたかも不幸にして＊2十全なる価値を生み出さなかったかのような語り方をしてしまうことがある。自分の人生を精一杯《せいいっぱい》生き抜《ぬ》いたにもかかわらず、生存時間が平均より短いというだけで「志半ばにして倒《たお》れた」などという評を＊3草葉の陰《かげ》で耳にしては、とてもエコジンは浮《う》かばれまい。

Ⅴ　我々は、みな充実《じゅうじつ》した人生を送りたいと願っている。そして、それができるかどうかは、どれだけ有効に時間を使えるかにかかっている。［⑥］、大きな目標を立てて精進《しょうじん》しようとする人間にとっては、時間の使い方は成功への鍵《かぎ》だと言ってもいいだろう。まずは、時間を無駄遣《むだづか》いしない心掛《こころが》けが大切である。

（斎藤兆史《さいとうよしふみ》『努力論——決定版』より）

（注）＊1無為…何もしないでぶらぶらしていること。
＊2十全…完全なこと。全く欠点のないこと。
＊3草葉の陰…墓の下。あの世。

4 段落内容の把握二

段落Ⅲの、この文章における働きを説明した次の文の［　］に入る部分を本文中から十四字で書き抜いて答えなさい。

短い人生の中で価値ある仕事をした、［　］人の具体例を挙げている。

［　　　　　　　　　　　　　　］

5 本文の要旨《ようし》

この文章における筆者の主張として最も適切なものを次から一つ選び、記号で答えなさい。

ア　時間だけは平等だという言い方は、時計で計られる時間の長さという観点からは正しい。

イ　同じ時間に他人の二倍の勉強・労働をする人物は、価値ある人と言ってよい。

ウ　志が立派な人物は、それを成し遂《と》げずに亡《な》くなったとしても価値があると言える。

エ　充実した人生を送るためには、時間の価値とその使い方を十分認識《にんしき》すべきである。

〔　　〕

段落内容の把握一

知っトク　頻出《ひんしゅつ》の論展開

「たしかにA、だが(しかし)B」という論展開は、Aでいったん他の意見を認めたうえで、Bで筆者自身の意見を強く述べる論説文頻出の論展開である。

接続語

⑤　段落Ⅰで提示した話題の具体例を述べている。

⑥　「みな」にあてはまることは〝なおさら〟「大きな目標」がある人物にとっては大事だ、という文脈。

段落内容の把握二

段落Ⅲに該当箇所《がいとうかしょ》がなければ、さらに詳《くわ》しく説明している段落Ⅳを探してみるとよい。

本文の要旨

内容的に正しい選択肢《せんたくし》は複数あるが、「主張」を問われているので、文章の一部分の内容として正しいものではなく、文章全体の内容をまとめている選択肢を選ぶ。

読解2（論説文②）

基礎力確認テスト

解答➡別冊解答9ページ

得点　　／100点

■次の文章を読んで、あとの問いに答えなさい。〈大阪〉

作家としては、いつも自分で新しい発想をして、自分の力で創作しているという意識でやっている。しかし実際には、僕《ぼく》がつくる曲は、僕の過去の経験、知識、今までに出会い聴《き》いてきた音楽、作曲家としてやってくることで手に入った方法、考えたこと、それらの蓄積《ちくせき》などが基《もと》になって生まれてくるものだ。さまざまなかたちで自分の中に培《つちか》われてきたものがあるからこそ、今のような創作活動ができているわけだ。

もし僕がクラシックを勉強してこなかったら、あるいは*1ミニマル・ミュージックに影響《えいきょう》を受けていなかったら、つくる音楽のスタイルも今とは異なるだろう。

「創作は感性だ」「作家の思いだ」と言い切ってしまうほうが作家としては恰好《かっこう》がいいが、残念ながら自分独自の感覚だけでゼロからすべてを創造するなんてことはあり得ない。

とすると、僕は漠然《ばくぜん》とした感性なるもので創造をしているわけではないということになる。

作曲には、①論理的な思考と感覚的なひらめきを要する。

論理的思考の基になるものが、自分の中にある知識や体験などの集積だ。何を学び、何を体験して自分の血肉としてきたかが、論理性の根本にある。感性の九五パーセントくらいは、実はこれなのではないだろうか。

つまり、その論理性に基づいて思考していけば、あるレベルに達するものはいつでもできるはずだということになる。気分が乗った乗らないという次元に関係なく、きちんと仕事をしたらしたなりの成果を上げられる。

だが、問題はそれさえあればものづくりができる、作曲ができるということではないところだ。肝心《かんじん》な要素は、残りの五パーセントの中にある。それが作り手のセンス。感覚的ひらめきである。創作にオリジナリティを与《あた》えるその人ならではのスパイスのようなもの。これこそが〝創造力の肝《きも》〟だ。

ものづくりにおける核心は、やはり直感だと僕は思う。こっちの方向に行ったら何か面白いものができそうだというのは、直感が導くものだ。直感の冴《さ》えが、作品をどれだけ素晴《すば》らしいものにできるか、より*2クリエイティブなものにできるかという鍵《かぎ》を握《にぎ》っている。

ところが、もっと突《つ》き詰《つ》めていけば、その直感を磨《みが》いているのも、実は自分の過去の体験である。ものをつくるということは、ここからここまでは論理性でここからが独自の感覚だと割り切れるようなものではなくて、自分の中にあるものをすべてひっくるめた*3カオス状態の中で向き合っていくことだ。

論理や理性がなければ人に受け入れてもらえるようなものはつくれないが、すべてを頭で整理して考えようとしても、②人の心を震《ふる》わせる音楽はできない。秩序《ちつじょ》立てて考えられないところで苦しんで、もがいて、その先の、自分でつくってやろう、こうしてやろうといった作為《さくい》のようなものが意識から削《そ》ぎ落とされたところに到達《とうたつ》すると、人を感動させるような力を持った音楽が生まれてくるのだと思う。

（久石譲《ひさいしじょう》『感動をつくれますか？』より）

（注）*1ミニマル・ミュージック…短い旋律《せんりつ》の形を少しずつ変化させながら

反復する音楽。

＊2クリエイティブ…創造的。独創的。

＊3カオス…入りまじって区別がつかないさま。

1

傍線部《ぼうせんぶ》①「論理的な思考と感覚的なひらめき」について、筆者が本文中で述べている内容を次のようにまとめました。[ⓐ]、[ⓑ]に入る内容を、[ⓐ]は十五字程度で、[ⓑ]は十字程度でそれぞれ本文中から書き抜《ぬ》きなさい。また、[ⓒ]に入るものとして最も適切なものをあとのア〜エから一つ選び、記号で答えなさい。〔20点×3〕

○論理的な思考や感覚的なひらめきと作曲とのかかわりについて筆者が述べていること

　論理的な思考がなければ、一定の水準に達するものや[ⓐ]はつくることができず、また、感覚的なひらめきがなければ、曲に[ⓑ]ことはできない。

○論理的な思考や感覚的なひらめきを成り立たせるものについて筆者が述べていること

[ⓒ]

ⓐ

ⓑ

ア　論理的な思考も感覚的なひらめきも、作家が仕事をしていくなかで、面白《おもしろ》いものができそうだと感じることによって生まれるものである。

イ　論理的な思考は作家の中にある知識や体験などの集積から生まれるもので、感覚的なひらめきは作家が生まれながら持っているものである。

ウ　論理的な思考も感覚的なひらめきも、知識や体験など、さまざまなかたちで作家の中に培われてきたものが基盤《きばん》となって生まれるものである。

エ　論理的な思考は作家が学んだことや体験したことから生まれるもので、感覚的なひらめきは直感を分析《ぶんせき》して整理したときに生まれるものである。

ⓒ〔　〕

2

傍線部②「人の心を震わせる音楽」とありますが、本文中で筆者は、「人の心を震わせる音楽」はどのようなときに生まれてくると述べていますか。最も適切なものを次から一つ選び、記号で答えなさい。〔40点〕

ア　論理性に基づいて考え、時に行き詰《づ》まりながらも、自分で曲をつくってやろうという強い作為のようなものと向き合って試行錯《しこうさく》誤《ご》しているとき。

イ　論理性に基づいて思考しつつ、論理的に考えられないところで何かを生み出そうと努力するなかで、自分の作為のようなものが意識から消えたとき。

ウ　論理性に基づいた思考と独自の感覚とが入りまじった状態で創作する過程で、こうすればよいという直感が意識から削ぎ落とされたとき。

エ　論理性に基づいて知識や体験を集積するよりも、自分の直感だけを突き詰めて磨くことで、これまでにはない新しい発想が得られたとき。

〔　〕

9日目

読解3（小説①）

基礎問題

■次の文章を読んで、あとの問いに答えなさい。

ゆうべ、私は、仕事が手につかぬまま、次女が憧《あこが》れている『窓の開く汽車の旅』の①思い出に耽《ふけ》った。私は、受験生時代から二度目の学生生活の前半ごろまで、窓の開く普通《ふつう》列車にしか乗ったことがなかった。妻を初めて郷里へ連れ帰ったときも、それから何年か後に＊都落ちをしたときも、夜行の普通列車であった。その翌年の春、再起をアココロザシて単身上京したときも、やはり夜行の普通列車であった。

真夜中に、どこかのちいさな駅で、ごとりと停《と》まる。浅い眠《ねむ》りから醒《さ》めて窓を上げてみると、郷里ではまだ遠かった春が微風《そよかぜ》に乗って流れ込《こ》んでくることがあった。誰《だれ》もいないホームの柵《さく》の外からイエダを広げている桜が満開で、夜明けにはまだ大分間があるというのに、②勿体《もったい》ないほど花を散らせているのをみたこともある。

また、いつかの春の夜、どこかの駅から乗り込んできて私の前の座席に着いた中年の女の人が、窓を

解答➡別冊解答10ページ

1 漢字

本文中の傍線部《ぼうせんぶ》ア～ウのカタカナは漢字（送りがなも含《ふく》む）に直し、漢字はその読みをひらがなで答えなさい。

ア〔　　〕　イ〔　　〕　ウ〔　　〕

2 内容の把握《はあく》

傍線部①「思い出に耽った」とありますが、この内容をまとめた次の文の［ A ］・［ B ］に入る部分を、それぞれ指定された字数で本文中から書き抜《ぬ》いて答えなさい。

「私」は若い頃《ころ》、様々な事情で東京と［ A ］（二字）との間を［ B ］（四字）夜行の普通列車に乗って行き来した思い出に耽っている。

A □□　B □□□□

学習日　　月　　日

小説の読み方1

●登場人物と場面をとらえる

小説や随筆《ずいひつ》などの文学的文章の読解には、登場人物や場面の理解は欠かせない。どのようなポイントを押さえればよいかを、上の文章を題材に見ていこう。

・登場人物

登場人物の年齢《ねんれい》や仕事、現在置かれている立場などを示す表現に着目しよう。

この文章の語り手である「私」は「次女が…」とあることから「父親」であることがわかる。さらに、第一・二段落から、若い頃から郷里と東京を行き来する生活を送っていたことがわかる。

また文章後半に出てくる「母親」については「中年」とあることから、大体の年齢が推測できる。また子供たちの父親（彼女《かのじょ》の夫）とも離れて暮らしていることがわかる。

上げると、外のホームには、下は五つぐらいの男の子から上は小学校六年生ぐらいの女の子まで、同じ兄弟姉妹らしい五、六人の子供らがいて、「父ちゃんに、からだに気をつけてってな。」「母ちゃんも風邪《かぜ》ひかねよに。」などと口々にいい、母親も、「あいあい、盆《ぼん》には父ちゃんと帰ってくっから。みんな喧嘩《けんか》しねよに留守をしてれや。」と答え、発車のベルが鳴ると、突然《とつぜん》、茶目な男の子が指揮棒を振《ふ》る真似《まね》をして、子供らは低い声で〈蛍《ほたる》の光〉を合唱しはじめた。

母親はびっくりして笑いだし、つぎにはあわてて気味に、「やめれ。やめれったら。」と子供らを軽くぶつ真似をしているうちに汽車が走り出し、ホームの灯《ひ》が流れ去って外が暗闇《くらやみ》になると、母親はちいさく舌打ちして窓を閉めたが、不意に、③その窓ガラスに額を強く押《お》し当てて、すすり泣きをはじめた。

あの夜の子供らの〈蛍の光〉と、母親の額が窓ガラスに立てたごつっという鈍《にぶ》い音は、まだ私の耳の中にある。

今年の春は、窓の開く夜行列車を乗り継《つ》いで帰ろうか？

次女と一緒《いっしょ》に、仔猫《こねこ》のような顔をして窓から春の匂《にお》いを嗅《か》ぎながら……。

（三浦哲郎《みうらてつお》『春は夜汽車の窓から』より）

（注）＊都落ち…都会から地方に帰ること。

3 表現内容の把握

傍線部②「勿体ないほど」とありますが、「私」が「勿体ない」という表現を使った理由を説明した次の文の□に入る部分を、本文中から五字で書き抜いて答えなさい。

夜明け前なので、見る者が□のに、満開の桜が美しく花を散らせていたから。

□□□□□

4 心情の把握

傍線部③「その窓ガラスに額を強く押し当てて」とありますが、このときの「母親」の心情の説明として、最も適切なものを次から選び、記号で答えなさい。

ア　公共の場で歌を合唱した子供たちに対する恥《は》ずかしさを感じている。

イ　暗くなると汽車の窓を閉めなければならないというルールを面倒《めんどう》に感じている。

ウ　しばらく子供たちと離《はな》れなければならない寂《さび》しさを実感している。

エ　自分を泣かずに見送ってくれた子供たちの成長を静かに喜んでいる。

〔　　〕

・場面

この文章全体が、「私」の「窓の開く夜行の普通列車」にまつわる回想であることは必ず押さえる。

「私」が母親と子供たちを見かけたのは「いつかの春の夜」であり、母親は「盆には…帰ってくっから」と言っている。ここから母親と子供たちが離れて暮らす期間が何か月にも及《およ》ぶことがわかる。時間の経過を示す表現も、場面を理解するにあたって重要なポイントである。

内容の把握

傍線部①の前の「『窓の開く汽車の旅』」と、あとの部分の内容に着目する。

表現内容の把握

どのような状況《じょうきょう》で桜を見たために「勿体ない」という表現になったのかを考える。

心情の把握

「舌打ち」した理由と、場面の状況の二点から、母親の心情に適するものを選ぶ。

9日目

読解3（小説①）

基礎力確認テスト

解答↓別冊解答10ページ

得点　／100点

■次の文章を読んで、あとの問いに答えなさい。（一部表記を改めたところがある。）

〈富山改〉

朱里《あかり》と衣花《きぬか》は、瀬戸内海《せとないかい》の過疎《かそ》の島に暮らす高校二年生である。その島では、過去に火山の噴火《ふんか》があり、多くの人が避難《ひなん》したことがある。朱里と衣花は、ふとしたことから、朱里の祖母の友人碧子《あおこ》が勤めていた大阪の小学校を訪ねることになる。次は、そこで働く小湊《こみなと》先生と朱里との会話である。

「一学年二十人以上いた子どもが、どの学年も、平均三人くらいのものになってしまったらしいです。碧子先生は当時、中学生だったそうで」

小湊が続ける。

「島に戻《もど》って一年目に、小学校で、卒業式に劇《げき》をしたんだそうです。無事に卒業の時に島に戻れてよかったって喜びながら、だけど、やった劇を観《み》て、碧子先生たちはかわいそうに思えて仕方ない気持ちになったんだと言っていました」

「かわいそうって、どういうことですか」

「演目はなんだったか忘れてしまったそうですが、三人しかいない子どもが、一人何役もやるんだそうですよ。前は二十人ぐらいでやってた劇だそうだから、当然でしょうね。一人が何回も早着替《はやきが》えして、息を切らしてセリフを読んで、最後の方には息も絶え絶えになって疲《つか》れてしまっていたんだそうです」

「ああ……」

想像してみるとかわいい話だが、確かにかわいそうだ。①自分たちがやらされたなら、たまったもんじゃないだろう。

――それを見ていた、朱里の祖母や碧子先生は中学生。②自分たちの後輩《こうはい》が、かわいそうになったのだ。

「来年からは、合唱か組み体操か何かに変更《へんこう》しようかって話も出ていたところで、碧子先生は、友達と一緒《いっしょ》に、だったら、劇を書ける人に新しい、少人数でもできるものを書いてもらおうと考えついたんだそうです。せめてそう、三人くらいでできるものを。本土に避難している間に知り合ったウエノ先生の家を、親にも内緒《ないしょ》でいきなり訪ねたんだって、武勇伝を話すみたいに話していました」

「……それはなんか、わかります」

朱里が耳の先を赤くして、ぽつりと呟《つぶや》いた。

「子どもだけで、友達と冒険《ぼうけん》するの、きっと③ドキドキするだろうけど、楽しかったんだろうなって、思います。祖母にも、そんな時があったんだと思うと、嬉《うれ》しいです」

「ウエノ先生は、作家としては、とても厳しく怖《こわ》い人だという噂《うわさ》だったそうですけど、碧子先生たちのことは、優《やさ》しく迎《むか》えてくれたそうです」

そして*『見上げてごらん』を書いてくれた。

「できあがったものを取りに来いって言われて、行ってみて、碧子先生は仰天《ぎょうてん》したそうです。ものすごく分厚い、紙の束になっている。三人でできるシンプルな劇のはずで、あんまり長いんじゃできないと困っていると、ウエノ先生から『違《ちが》うよ、これは全部、別』と言われた」

「別？」

「一束一束、全部違う脚本《きゃくほん》だと、説明を受けたそうです。脚本は、子どもが一人でもできる一人芝居《しばい》のものから、二十人用、と書かれたものまで全部で④二十パターンあったそうです」

——今は、子どもは三人しかいないかもしれないが、いずれ、一人、二人と戻ってくるだろう。噴火で散り散りになっても、子どもは絶対に戻ってくる。

ウエノ氏は、そう言ったそうだ。

「励《はげ》ましと、祈《いの》りの言葉のように感じたと、碧子先生は言いました。少女趣味《しゅみ》な言葉でごめんなさい、と照れたように笑いながら」

衣花と朱里は、一度は離《はな》した手を、再びぎゅっと握《にぎ》った。言葉を、嚙《か》みしめる。［Ｉ］。

（辻村《つじむら》深月《みづき》『島はぼくらと』より）

（注）＊『見上げてごらん』…島の小学校で代々演じられてきた劇の題。

1 傍線部《ぼうせんぶ》①と②の「自分たち」はそれぞれどの人たちを指していますか、組み合わせとして最も適切なものを次の**ア**～**エ**から選び、記号で答えなさい。〔20点〕

ア ① 朱里たち　② 小湊先生たち
イ ① 朱里たち　② 碧子先生たち
ウ ① 碧子先生たち　② 朱里たち
エ ① 碧子先生たち　② 小湊先生たち

2 傍線部③「ドキドキするだろうけど、楽しかったんだろうな」とありますが、ここでは何をしたことについて言っているのですか。「親に内緒で作家の家を訪れ」に続く形で三十字以内で書きなさい。〔30点〕

〔　　〕

親に内緒で作家の家を訪れ

3 傍線部④「二十パターン」とありますが、脚本のパターンの違いは何によるものですか、自分の言葉で書きなさい。〔30点〕

〔　　〕

4 ［Ｉ］には、過疎の島に住む衣花と朱里が「嚙みしめ」た言葉が入ります。その言葉を、文末の「。」に続くように、本文中から十二字で抜《ぬ》き出し、答えなさい。〔20点〕

読解4（小説②）

基礎問題

解答→別冊解答11ページ

■次の文章を読んで、あとの問いに答えなさい。

ほんとうの友だちだった。

大好きな友だちだった。引越《ひっこ》し、そして転校が決まったとき、恵美菜《えみな》と別れなければならないことが何より悲しかった。耐《た》えられないぐらいつらかった。

悲しくて、つらくて、さびしくて、心細くて、布《ふ》団《とん》をかぶってわんわん泣いた。それなのに恵美菜は笑いながら、

「もう中学生だもんね。それぞれ、新しい学校でガンバレってことなのかもね。うん、そうだよ。美月《みつき》。おたがいガンバローだ」

なんて、言ったのだ。いっしょに悲しんでくれる、「行かないで」と泣いてくれると信じていたのに。

恵美菜はあたしとちがって、明るいし、誰《だれ》とでもすぐ打ち解けられるし、はきはきしている。友だちだって他《ほか》にもたくさんいる。あたしがいなくなっても、さびしくないんだ。

---

1 場面の把握《はあく》

この文章の場面を説明した次の文の［　］に入る部分を、それぞれ指定された字数で本文中から書き抜《ぬ》いて答えなさい。

美月は、引越しにあたって、［A］（七字）だった恵美菜と別れることになった。恵美菜の態度から、恵美菜は自分が［B］（十四字）と思った美月は、彼女に連絡を取れないでいる。

A □□□□□□□

B □□□□□□□□□□□□□□

2 表現内容の把握

傍線部《ぼうせんぶ》「冷たい風が吹き通っていく」とありますが、この部分でどのようなことを表しているのかを説明したものとして、最も適切なものを次から選び、記号で答えなさい。

小説の読み方2

●登場人物の心情をとらえる

心情をとらえるには、次のような方法がある。

・直接的な表現を読み取る

「うれしい」「悲しい」など、心情が直接示された表現に着目する。

・行動・表情を読み取る

「笑った」という行動・表情からは登場人物の「喜び」の心情が読み取れる。また「駆《か》け出した」という行動からは、「喜び」が読み取れる場合と、「あせり」などが読み取れる場合がある。論説文を読むときと同様に、本文中に書かれていることを根拠《こんきょ》に判断することが大事である。

・情景や比喩《ひゆ》表現を読み取る

情景描写や比喩表現には登場人物の心情が表されている。

学習日　　月　　日

そう思うと胸の中に冷たい風が吹《ふ》き通っていくような気がした。恵美菜が急に遠ざかった気がした。

それから、あまり口もきかないまま別れてしまった。

S市に来て二ヶ月以上が過ぎたけれど、恵美菜には手紙も出していないし、電話もしていない。住所も電話番号も知らせていないから、恵美菜から連絡《れんらく》がくることもない。

「恵美菜ちゃんに電話ぐらいしたら。手紙も出していないんでしょ。あんなに仲が良かったんだもの、何の連絡もしないなんておかしいわよ」

お母さんは*咎《とが》めるような口調で言うけれど、もし、電話して「ああ美月。こっちは楽しくやってるよ。友だちもたくさんできたし、うん、毎日、すごく楽しいの。じゃあね」なんて冷たくされたら……、手紙に返事がこなかったら……、そう考えると何もできなかった。

美月は四度目のため息をついていた。

（あさのあつこ『おまもり』より）

（注）＊咎める…取り立てて問いただす。責める。非難する。

ア　小学校卒業前の時期の、戸外の寒さ。
イ　恵美菜のことを忘れようとする、美月の決心。
ウ　恵美菜の態度から感じた、美月のさびしさ。
エ　美月を悲しませた、恵美菜の厳しい態度。

〔　　〕

3 心情の把握

本文中の登場人物の行動とその行動の理由となる心情について説明したものとして、最も適切なものを次から選び、記号で答えなさい。

ア　美月は、何事においても引っ込《こ》み思案な性格なので、親しい友人である恵美菜にも連絡先を伝えられなかった。
イ　恵美菜は、明るい性格の持ち主なので、美月と別れる悲しさを顔に出さないようにしていた。
ウ　美月の母は、美月が悲しんでいることを知っているが、大人としてあえて娘に厳《きび》しい言葉をかけた。
エ　美月は、恵美菜のことをほんとうの友だちだと思っていたからこそ、恵美菜のさっぱりした態度がつらかった。

〔　　〕

場面の把握
空欄《くうらん》Aに入る言葉は複数の候補があるので、指定字数を手がかりにする。

表現内容の把握
「冷たい風」が表しているものをとらえる設問。この風がどこに吹いたものかを考えると、これは比喩表現であり、実際の「風」ではないことがわかる。また、傍線部の直前に「そう思うと」と指示語を含《ふく》む表現があるので、この内容を押《お》さえることも重要。

知っトク 指示語に注目
傍線部やその近くに指示語がある場合は、その指示内容を押さえることが、設問を解く際の手がかりとなる。

心情の把握
どの選択肢《せんたくし》も一見正しそうであるが、必ず本文中に書かれているかどうかを判断の根拠にすることが大事。

読解4（小説②）

基礎力確認テスト

解答→別冊解答11ページ

得点　／100点

■次の文章を読んで、あとの問いに答えなさい。〈千葉改〉

夏代《なつよ》は高校三年生。夏休みも半ばを過ぎたが、勉強は思ったように進まない、信頼《しんらい》していた友達とは仲違《なかたが》いをする、買ったばかりの音楽プレーヤーは壊《こわ》れてしまう、と良くないことばかりが続き、何となくイライラしていたところに、今度は財布《さいふ》まで落としてしまい、落ち込《こ》んだ気持ちで、交番に届け出た。

「あー、届いてるよ、それ」

若いお巡《まわ》りさんは机の引出しから、こともなげに夏代の財布を取り出した。

「これでしょう」

「そうです！」

夏代は飛びあがりたいのを我慢《がまん》して、財布を引き取るためのいろいろな書類に住所や名前を書きこんだ。中のものは何ひとつ失《な》くなっていなかった。

「良かったねえ、無事戻《もど》ってきて」

年とった方がニコニコしながら言った。なんだかここ数か月のうちで、久しぶりに①他人に優《やさ》しくされたような気がして、夏代は不覚にも涙《なみだ》ぐみそうになりながら「ハイ」と答えた。

帰り際、夏代はお巡りさんたちから一枚の紙切れを渡《わた》された。財布を拾ってくれた人の住所や電話番号が書いてあるもので、電話してお礼を言っておきなさいと言われた。

「藤原俊造　七十二歳《さい》」

紙きれの一行目に読みにくい行書体でそう書かれていて、住所は世田《せた》谷《がや》区玉堤《たまつつみ》となっている。ここから歩いても、さほどの距離《きょり》ではなかった。

夏代は久しぶりに、ほんとうに久しぶりに明るい気持ちになっていたから、電話をするよりも直接行ってお礼を言おうと考えた。

駅前から銀杏《いちょう》の並木道をずっと歩いていくと、途中《とちゅう》にある花屋の店先に明るいオレンジ色の花が咲《さ》いていた。何の花かと思って近寄ってみると、それは花ではなく少し早い*ほおずきの実だった。夏代はほおずきを買った。愛想のいい店のおばさんが、「少しおまけしときますね」と言いながら、一本余分に持たせてくれた。

夏代は②ほおずきを花束のように抱《かか》えながら並木道を歩き、坂道を下り、昇《のぼ》り、また下った。

川っぷちの町に着いて、商店街で訊《たず》ねながら行くと、その家は案外簡単に見つかった。

ひっそりとした、木造の小さな家の門柱に「藤原」という表札が見えた。人気《ひとけ》のない玄関《げんかん》の引き戸の前で、なんとなく入りかねていると、背後で足音が聞こえた。

犬を連れた老人が立っていた。柴犬《しばいぬ》に似た雑種らしい犬は、はッはッと息を吐《は》きながら立ち止まった主人を見あげている。

「あの……、藤原俊造さんですか」

「そうですが」

老人は不思議そうに、ほおずきの花束を抱えた奇妙《きみょう》な女の子を見つめた。

「あの、あたし、お財布拾ってもらった者なんですけども……」

「ああ」

老人は合点がいったように頷《うなず》いた。

「あの、ほんとにありがとうございました」

そう言って頭を下げたとたん、唐突《とうとつ》に冷たい涙が滝《たき》のように夏代の頬《ほお》を流れ落ちた。びっくりしたのと恥《は》ずかしいのが一緒《いっしょ》くたになって夏代の身体の内側を駆《か》けまわった。

夏代は「お礼です」と叫《さけ》ぶように言ってほおずきを老人に渡し、驚《おどろ》いた顔の老人と犬に「さよならっ」と言った。

駅へ続く坂道を、夏代は駆け昇った。心臓がばくんばくんと音を立てた。終わりかけた夏の風が夏代の頬をすべっていった。

そう思ってしたことでなくとも、優しさとか善意とかいうものは確かに人間を救うことがあるんだな。わけのわからなくなった頭の中で、夏代はそんなことを考えていた。

何か月ぶりかで走った。何か月ぶりかで身体が汗《あせ》のぶんだけ軽くなり、そのぶん③心も軽くなったような気がした。

（鷺沢《さぎさわ》 萠《めぐむ》『ほおずきの花束』より）

（注）＊ほおずき…ナス科の多年草。実は丸く、オレンジ色に熟す。

1 傍線部《ぼうせんぶ》①の他にもう一箇所《かしょ》、夏代が他人に優しくされたような気がした場面を表す一文がある。その一文を傍線部①より後の文章中から抜《ぬ》き出して、はじめの五字を書きなさい。〔30点〕

□□□□□

2 傍線部②とありますが、この表現を説明したものとして最も適切なものを次の**ア**〜**エ**から選び、記号で答えなさい。〔40点〕

ア 人の心の温かさや優しさがこもったほおずきの束を落とさないように抱える様子を表現している。

イ ほおずきの華《はな》やかさがお礼の気持ちを表すのにとてもふさわしいのだということを強調している。

ウ 明るい気持ちになり感謝の思いを伝えるために買ったほおずきを大切にする様子が表されている。

エ 心と心の触《ふ》れ合いを象徴《しょうちょう》するほおずきの束によって明るい場面をとても効果的に描《えが》き出している。

〔　　〕

3 傍線部③とありますが、この時の夏代についての説明として最も適切なものを次の**ア**〜**エ**から選び、記号で答えなさい。〔30点〕

ア 夏の風に吹《ふ》かれて今までの悩《なや》みや苦しみからのがれることができた。

イ 人の優しさに触れて自分を取り戻すきっかけをつかむことができた。

ウ 感謝の思いを人に伝えられない寂《さび》しさを走っていやすことができた。

エ 優しさを人に素直《すなお》に伝えられないでいる愚《おろ》かさを知ることができた。

〔　　〕

読解5（古文・漢文①）

基礎問題

解答➡別冊解答12ページ

■次の文章を読んで、あとの問いに答えなさい。

月日は百代《はくたい》の(ア)過客《くわかく》にして、行きかふ年も又《また》旅人なり。舟《ふね》の上に生涯《しやうがい》を浮《う》かべ、馬の口とらへて老いを迎《むか》ふる者は、日々旅にして、旅をすみかとす。古人も多く旅に死せるあり。

予も①いづれの年よりか、片雲《へんうん》の風にさそはれて、(イ)漂泊《へうはく》の思ひやまず、海浜《かいひん》にさすらへて、去年《こぞ》の秋、江上《かうしやう》の破屋に蜘蛛《くも》の古巣をはらひて、やや年も暮れ、春立てる霞《かすみ》の空に、白河《しらかは》の関越《こ》えんと、そぞろ神の物につきて心をくるはせ、道祖神《だうそじん》の招きにあひて、取るもの手につかず、ももひきの破《やぶ》れをつづり、笠《かさ》の緒《を》付けかへて、三里に(ウ)灸《きう》すゆるより、松島《まつしま》の月まづ心にかかりて、住める方《かた》は人に譲《ゆづ》りて、②杉風《さんぷう》が別墅《べつしよ》に移るに、

草の戸も住み替《か》はる代ぞ雛《ひな》の家

表八句を庵《いほり》の柱に懸《か》け置く。

（『奥《おく》の細道』より）

1 歴史的かな遣《づか》い

本文中の傍線部《ぼうせんぶ》ア～ウを現代かな遣いに直して、すべてひらがなで答えなさい。

ア〔　　　〕
イ〔　　　〕
ウ〔　　　〕

2 現代語訳一

傍線部①の意味として最も適切なものを次から選び、記号で答えなさい。

ア　何歳《なんさい》になったのか
イ　どんな老人になるのか
ウ　どこに住んでいたのか
エ　いつのころからだろうか

〔　　　〕

3 現代語訳二

傍線部②を現代語訳したとき、次の□に入る語をひらがな一語で答えなさい。

杉風□別宅に移るときに

古文の読み方1

古文を読む際には、現代語とは異なる次のような点に注意する必要がある。

・歴史的かな遣い
古文特有のかな遣いである「歴史的かな遣い」に注意して読む。

・現代語に残っている言葉
現代語と同じ形でも意味が異なる言葉に注意する。

・語の省略
古文では、助詞や主語が省略されることが多くあるので、これを補いながら読む。

歴史的かな遣い

ア「クワ」は「カ」、イ「エウ」は「ヨー」、ウ「イウ」は「ユー」と読む、といったルールに注意する。

現代語訳一

「年よりか」は単語に分けると「年／より／か」となる。

学習日　　月　　日

➡要点まとめシートで確認《かくにん》しよう！

■次の漢詩と、その書き下し文を読んで、あとの問いに答えなさい。

尋*1胡隠君（胡隠君《こいんくん》を尋ぬ）　高《こう》啓《けい》

渡リ㆑水ヲ　復タ渡リ㆑水ヲ
看㆑花ヲ　還タ看ル㆑花ヲ
春風江上ノ路
*2不覚到君家

（書き下し文）
水を渡《わた》り　復《ま》た水を渡り
花を看《み》　還《ま》た花を看る
春風《しゅんぷう》　江上《こうしょう》の路《みち》
覚えず　君が家に到《いた》る

（注）＊1胡隠君…胡という姓《せい》の、俗《ぞく》世間を避《さ》けて暮らす人。
＊2不覚…いつのまにか。

4 漢詩の知識一
上の漢詩の形式を漢字四字で書きなさい。また、前半二句で用いられている表現技法として最も適切なものを次から選び、記号で答えなさい。

形式 □□□□

表現技法
ア 対句《ついく》　**イ** 倒置《とうち》　**ウ** 反語　**エ** 体言止め
〔　　〕

5 漢詩の知識二
上の漢詩で、それまでの内容を一転させる働きをしている句として適切なものを、第二～四句のうちから選び、漢数字で答えなさい。

第□句

6 返り点
書き下し文を参考に、傍線部に返り点をつけなさい（送りがなは不要）。

不　覚　到　君　家

漢文の読み方1
漢文を日本語の文法にしたがって読み直す（訓読する）ために、「返り点」と「送りがな」からなる「訓点」を理解する必要がある。送りがなは「歴史的かな遣い」で「漢字の右下にカタカナ」でふる。

くわしく　返り点
・レ点…一字だけ上に返って読む場合に用いる
・一・二点…二字以上返って読む場合に用いる

漢詩の知識一
この漢詩は「一句の文字数」が五字で、「句数」が四句からなっている。また一句と二句は類似した構成になっている。

漢詩の知識二
四句からなる漢詩は、一句目から「起句」「承句」「転句」「結句」という構成になっている。

返り点
一字返るところと、二字以上返るところがある。

読解5（古文・漢文①）

基礎力確認テスト

解答➡別冊解答12ページ

得点　／100点

1 次の文章を読んで、あとの問いに答えなさい。〈長崎〉

もと同学たりし人のもとへ、《かつて寺で修行した仲間の僧のもとに、（亭主が）》「*1廣韻《こういん》をちと貸し給へ《ちょっとお貸し下さい》」といひやり《使いをやると、》たれば、「此方《このかた》にもいる《（僧は）こちらでも使う》」とて貸さず《貸さない》。後にあふたるに、《（二人が）後日会ったときに、》①以前はいな《貸して》物を貸されなんだと恨みければ、《もいい物を、貸してくれなかったな》*2光陰惜《こういんおしむ》べし《惜しむべきだ》とあり。

かりぬし遺恨をふくみ、《これを恨んで》かさねて《もう一度》先のおしみての方へ、《以前「廣韻」を貸し惜しんだ僧へ、》「明朝斎《とき》を《食事を》申さん《ごちそうしよう》」といひやりぬ。《使いをやった》②必ずゆかんよし返事なりき。《（僧は）という返事をしてきた》亭暁《あかつき》より起《お》きて《亭主は暗いうちから起きて》朝めしを《朝食を》いそぎ《急いで》用意し、内の者にも早々《さっさと》くらはせ、棚もと其外掃地《そうじ》をきれいにしておきたり。《台所やそのほかを掃除し》件《くだん》の《例の》僧来《きた》りまでども、さらに飯をくるる音せず。《いつまで待っても、いっこうに飯を持ってくる気配がない。》「なにとて膳《ぜん》は遅ひぞ《どうして料理が遅いのか（と言うと）》」「とき人をまたずとあれば、《と言うので、》はやとく過《すぎ》たは《すでに早く食事を済ませたよ》」（と言った。）

（『醒睡笑《せいすいしょう》』より）

（注）*1廣韻…書物の名。
*2光陰…時間。時。

---

(1) 波線部「いひやり」を現代かなづかいに直して書きなさい。〔10点〕

〔　　　　〕

(2) 傍線部《ぼうせんぶ》①「以前は」から始まる「亭主」の言葉はどこまでか。その終わりの三字を抜き出して書きなさい。〔10点〕

□□□

(3) 傍線部②「必ずゆかん」の意味として最も適当なものを次から一つ選び、その記号を書きなさい。〔10点〕

ア 決して行きません　イ きっと行きます
ウ 都合がつきません　エ 今すぐ行きます

〔　　　　〕

(4) 機転の利《き》いた「しゃれ」のやり取りがこの話の面白さの中心となっている。話の前半を説明した次の［　］内の文にならって、話の後半の説明を次に合う形で完成させなさい。ただし、1は十五字以内で、2は三十五字以内で書きなさい。〔10点×2〕

前半

僧は、亭主が廣韻を貸してくれと言ったのに貸さなかった。その理由を、書物の名前を表す「廣韻」と時間の意味の「光陰」をかけて「光陰惜べし」と「しゃれ」を使って答えた。

後半

亭主は、僧を食事に招待したのに［ 1 ］。その理由を、［ 2 ］と言って、僧と同じように「しゃれ」を使って仕返しした。

1

2

2 次の漢詩は、唐《とう》の時代の役人であった張説《ちょうえつ》が、洛陽《らくよう》の町から蜀《しょく》へ出張して帰るときのことを詠《よ》んだものである。これを読んで、あとの問いに答えなさい。〈茨城〉

*1蜀道ニテ後レル期ニ　張説
客*2心争ヒ日月ト
來*3往預メ期レス程ヲ
秋風不二相待一タ
先ヅ至ル洛*4陽城

蜀道《しょくだう》にて期《き》に後《おく》る（帰る予定に遅れてしまった）　張説
客心《かくしん》日月《にちげつ》と争《あらそ》ひ、（月日の流れと速さを競うかのようにせきたてられるのは）
來往《らいわう》預《あらかじ》め程《てい》を期《き》す。（日程を決めておいたからなのだ）
秋風《しうふう》相待《あひま》たず、（私を待ってはくれずに）
先《ま》づ至《いた》る洛陽城《らくやうじやう》。

（注）＊1蜀道…蜀（四川省《しせん》）へ通じる険しい道。
＊2客心…旅人の心。
＊3來往…往復。
＊4洛陽城…洛陽の町。

(1) 上の漢詩の形式を、次から選び、記号で答えなさい。〔10点〕
ア 五言絶句　イ 七言絶句
ウ 五言律詩　エ 七言律詩
〔　　〕

(2) 傍線部は「日月と争ひ」と読む。この部分に返り点を補ったものとして、最も適切なものを次から選び、記号で答えなさい。〔20点〕
ア 争日レ月　イ 争レ日レ月
ウ 争二日月一　エ 争レ日二月一
〔　　〕

(3) 上の漢詩の内容に合っているものとして、最も適切なものを次から選び、記号で答えなさい。〔20点〕
ア 旅人は、激しい秋風のせいで、帰る予定に遅《おく》れてしまった。
イ 旅人は、秋風を待つことなく、洛陽の町に着いてしまった。
ウ 旅人は、洛陽の秋風が冷たそうなので、帰りたくなかった。
エ 旅人は、秋風が吹く前に、洛陽に戻《もど》ることができなかった。
〔　　〕

12 日目

読解6（古文・漢文②）

基礎問題

■次の文章を読んで、あとの問いに答えなさい。

武州《ぶしう》に西王《さいわう》の阿闍梨《あじやり》と云《い》ふ僧《そう》有りけり。*1「①御《おん》年《とし》は、いくらにならせたまひさふらふぞ」と、人の問ひければ、ア「六十に余りさふらふ」と云ふに、七十に余りて見えければ、不審《ふしん》に覚《おぼ》えて、イ「六十には、いくら程《ほど》余りたまへる」と問へば、「十四余りてさふらふ」と云ひける。遥《はる》かの余りなりけり。七十と云へるよりも、六十と云へば、少し若き心地《ここち》して、かく云ひける。②人の常の心なり。

*2色代《しきだい》にも、「御年よりも、遥かに若く見えたまふ」と云ふは嬉《うれ》しく、「ことのほかに老いてこそ見えたまへ」と云へば、心細く*3本意《ほい》なきは、*4人ごとの心なり。

（『沙石集《しゃせきしゅう》』より）

（注）*1「御年は……さふらふぞ」…お年は、いくつになりですか。
*2色代にも…お世辞でも。
*3本意なきは…残念なのは。
*4人ごとの心なり…誰《だれ》しも同じである。

解答↓別冊解答14ページ

1 動作主

傍線部《ぼうせんぶ》ア・イは誰の発言ですか。それぞれ本文中の漢字一語で答えなさい。

ア［　　］　イ［　　］

2 内容の把握《はあく》一

傍線部①とあるが、質問された人物は実際には何歳《なんさい》でしたか。漢数字で答えなさい。

〔　　〕歳

3 内容の把握二

傍線部②は「人間誰もが持っている思いである」といった意味だが、それはどのような「思い」ですか。「……という思い。」に続くように、十字以内で答えなさい。

［□□□□□□□□□□］という思い。

古文の読み方2

・登場人物を押《お》さえる
文章中に登場する登場人物が何人《なんにん》であるかを押さえながら読もう。また、「作者」の存在も忘れないようにしよう。

・会話文に注意する
「…と言（云）ふ」「…と申《まう》す」などの表現を手がかりに、会話文とそれ以外の地の文を区別しながら読むこと。発言主が明示されていないこともあるので、文脈から補いながら読むことも重要。

動作主・内容の把握一
質問をした人とされた人がそれぞれ誰であるかを押さえる。実際の年齢《ねんれい》は発言を元に計算して求める。

内容の把握二
2で考えた内容と、最終段落の内容を合わせて考える。

学習日　月　日

■次の漢文とその書き下し文、現代語訳を読んで、あとの問いに答えなさい。

許由、隠レ二箕山ニ一、無シ二盃器一。①以テレ手ヲ捧ゲテレ水ヲ飲ムレ之ヲ。人遺リ二一瓢ヲ一、得タリ二以テ操リテ飲ムコトヲ一。飲ミ訖ハリテ掛クル二於木ノ上一ニ、風吹キ瀝瀝トシテ有リレ声。由以テ為シレ煩ハシト、遂ニ去ルレ之ヲ。

（『蒙求《もうぎゅう》』より）

（書き下し文）

許由《きょゆう》、箕山《きざん》に隠《かく》れ、盃器《はいき》無し。［　］。人一瓢《いっぴょう》を遺《おく》り、②以《もっ》て操《と》りて飲むことを得たり。飲み訖《お》はりて木の上に掛《か》くるに、風吹《ふ》き＊瀝瀝《れきれき》として声有り。由《ゆう》以て煩《わずら》はしと為《な》し、③遂《つい》に之《これ》を去る。

（注）＊瀝瀝として声有り…ころころという音を立てた。

（現代語訳）

許由《きょゆう》は、世間を避《さ》けて箕山に隠れ暮らしていた。水を汲《く》む入れ物を持っていないので、手で水をすくって飲んだ。ある人が見かねて、水を入れる瓢箪《ひょうたん》を一つ贈《おく》った。彼《かれ》はこれで水を汲み、飲むことができた。飲み終わって、それを木の上に掛けておいたところ、風が吹いてころころという音を立てた。許由はうるさいと思い、すぐにそのまま、それを捨てた。

4 書き下し文

傍線部①を書き下した文が［　］に入ります。［　］にあてはまる書き下し文として適切なものを次の**ア**～**エ**から選び、記号で答えなさい。

ア　手を捧《ささ》げて水を以て之《これ》を飲む

イ　手を以て水を捧げて之を飲む

ウ　以て手を捧げて水を之を飲む

エ　水を以て手を捧げて之を飲む

〔　　〕

5 語の省略

傍線部②「以て操りて飲むことを得たり」とありますが、誰が何を飲むことができたのですか。漢文中からそれぞれ抜《ぬ》き出しなさい。

〔　　〕が〔　　〕を飲むことができた。

6 内容の把握

傍線部③の内容の説明として、最も適切なものを次の**ア**～**エ**の中から一つ選び、記号で答えなさい。

ア　許由は、器《うつわ》がない生活がいやになり、山を下りた。

イ　許由は、風が強くなってきたので、住まいを変えた。

ウ　許由は、人のおせっかいが嫌《いや》で、その場を立ち去った。

エ　許由は、うるさい音を立てるので、瓢箪を捨てた。

〔　　〕

漢文の読み方2

・指示語の内容を押さえる

漢文中に「之」が出てきたら、次の二点に注意。

(1)指示語であるかどうかを確《かく》認《にん》する（助詞の「の」や動詞の「行く」という意味の場合もある）。

(2)指示語の場合は、その指示内容を確認する。

・会話文に注意する

発言の始まりを示す「曰《いは》く」と、終わりを示す送りがなの「ト」に着目して発言の内容を押さえよう。

書き下し文

「以」「捧」「飲」に付いているレ点に注意しよう。

語の省略

主語や目的語が省略されることがある。直前で人が瓢箪を贈ったのは、誰が何をするためかを考えて補おう。

内容の把握

まず、「之」が何を指すのかを押さえよう。そのうえで、ここでは許由の生き方とあわせて傍線部の内容を考えよう。

読解6（古文・漢文②）

基礎力確認テスト

解答→別冊解答14ページ

得点　／100点

1 次の文章を読んで、あとの問いに答えなさい。〈栃木〉

浜の町といふに、島原屋市左衛門《しまばらやいちざえもん》とかやいひし者あり。十二月初め、雪降り積もれる朝、用ありてとく出《い》で、浜なる路《みち》をゆくに、雪のひまにあやしき物見えけるを、立ち寄り引き上げつるに、したたか重き袋にて、内に*1白銀大なるが三包ばかりとおぼしきあり。おどろきて、*2いかさま主有るべきなれば、やがてぞ尋ね来なましと、所を去らで二時《ふたとき》ばかり待ち居たれど問ひ来る人もなければ、いかさま旅人の落とせしならんと、そこらの*3町くだり、旅人の宿す家ごとに尋ね行きて、旅人のもの失ひたまへるなどやあるとあふ人ごとに問ひしに、その日の夕つかた、からうじて主にめぐりあひぬ。始め終はり詳しく尋ね聞きしに実の主なりければ、さきの袋のままにて返しはべりぬ。この主喜び拝みて、「我は*4薩摩《さつまの》国《くに》にて、たのめる人の*5くさぐさのもの買ひ求めにとて、我を*6おこせたるに、もしこの銀あらずば、我が命ありなんや。かへすがへすも有り難きことにはべるかな。」と、その銀を分かちて報ひしかど*7曾《かつ》て取りあぐる事もせねば、力なく酒と肴《さかな》を調《ととの》へて*8懇《ねんご》ろに敬ひものして帰りぬ。

（『長崎夜話草《ながさきよばなしぐさ》』より）

（注）*1白銀…銀貨。「銀」も同じ。　*2いかさま…きっと。
*3町くだり…町の中心部から離《はな》れたところ。
*4薩摩国…現在の鹿児島県西部。　*5くさぐさの…様々な。
*6おこせたる…派遣《はけん》した。　*7曾て…決して。　*8懇ろに…心を込《こ》めて。

(1) 傍線部《ぼうせんぶ》ア「出で」、イ「尋ね行き」、ウ「失ひ」、エ「問ひ」の中で、主語にあたる人物が異なるものはどれか。記号で答えなさい。〔10点〕

〔　　〕

(2) 傍線部①「所を去らで二時ばかり待ち居たれど」とあるが、市左衛門が待ち続けた理由として、最も適切なものはどれか。〔10点〕

ア 浜の路で待つように持ち主から言われていたから。
イ 深く積もった雪のせいで移動ができなかったから。
ウ 袋が重すぎて一人ではどこにも運べなかったから。
エ 持ち主がすぐに戻ってくるだろうと予想したから。

〔　　〕

(3) 傍線部②「有り難きこと」とあるが、市左衛門がどのように行動したことを指すのか。三十五字以内の現代語で書きなさい。〔20点〕

(4) 傍線部③「力なく酒と肴を調へて」とあるが、このときの主の心情として最も適切なものはどれか。〔10点〕

ア 銀貨を取り戻せてうれしいので、好きなだけ酒と肴を楽しみたい。
イ 銀貨を受け取ってもらえないので、せめて酒と肴でお礼をしたい。
ウ 銀貨を渡すだけでは感謝しきれないので、酒と肴の準備もしたい。
エ 銀貨を渡したくはないので、酒と肴を振る舞うことで解決したい。

〔　　〕

2 次の漢文と解説文を読んで、あとの問いに答えなさい。〈兵庫〉

柳下恵《りゅうかけい》、士師と為《な》りて、三たび黜《しりぞ》けらる。人曰《い》はく、「子未《いま》だ以《もっ》て去るべからざるか。」と。曰はく、「道を直《なほ》くして人に事《つか》ふれば、焉《いづ》くに往《ゆ》くとして三たび黜けられざらん。道を枉《ま》げて人に事ふれば、何ぞ必ずしも父母の邦《くに》を去らん。」と。

柳下恵、為リテ士師ト、三タビ黜ケラル。人曰ハク、「子未ダレ可ニ以テ去ル一乎カト。」曰ハク、「直レクシテ道ヲ而事レフレバ人ニ、焉クニ往クトシテ而不ザランニ三タビ黜ケラレ一。枉レゲテ道ヲ而事レフレバ人ニ、何ゾ必ズシモ去ランニ父母之ノ邦ヲ一。」

〈解説文〉この文章は、孔子《こうし》とその弟子たちの言行録である『論語』の一節で、柳下恵という人物にまつわる話である。

柳下恵は、裁判官となったが、度々免職《めんしょく》された。ある人が「まだこの国を去ろうとしないのか。」と尋《たず》ねた。すると、柳下恵は、「 a 君主に仕えるならば、今の世の中では、どこの国に行っても度々免職される。また、もし信念を曲げて君主に仕えるとするならば、どこの国に行っても官職につくことができる。どうしてわざわざ祖国を去る必要があろうか。」と答えた。

(1) 傍線部「去」とは、どこから「去る」のか。漢文から四字で抜き出して書きなさい。〔15点〕

□□□□

(2) 空欄《くうらん》aに入る最も適切なことばを、次のア～エから一つ選んで、その記号を書きなさい。〔15点〕

ア 出世の近道を意識して
イ 地道な努力を重ねて
ウ 政道を改めようとして
エ 正しい道理に従って

〔　　〕

(3) 本文から読み取れる柳下恵の考え方として最も適切なものを、次のア～エから一つ選んで、その記号を書きなさい。〔20点〕

ア 信念を貫《つらぬ》く以上たとえ他国に行っても免職は避《さ》けられないので、祖国で官職につくことにこだわる柳下恵は、何度免職されても恥《はじ》を忍《しの》んで人に仕える生き方を選ぶ。

イ 何度免職されたとしても、自分の信念を貫いた上でのことならば何ら恥《は》じるところはないと考える柳下恵は、信念に従い、祖国にとどまる生き方を選ぶ。

ウ 祖国にとどまろうが他国に行こうが免職されることに変わりはなく、官職につくことを無駄《むだ》だと考える柳下恵は、祖国にとどまって静かに暮らす生き方を選ぶ。

エ 祖国にとどまるためには、信念を曲げて官職につく必要があるため、祖国にとどまることにこだわる柳下恵は、信念を曲げて人に仕える生き方を選ぶ。

〔　　〕

読解7（詩・短歌・俳句）

学習日　月　日

基礎問題

■次の詩を読んで、あとの問いに答えなさい。

*1まんさくの花　丸山《まるやま》　薫《かおる》

まんさくの花が咲《さ》いた　と
子供達《たち》が手折《たお》って　持ってくる
まんさくの花は淡黄色《たんこうしょく》の　粒々《つぶつぶ》した
眼《め》にも見分けがたい花だけれど

まんさくの花が咲いた　と
子供達が手折って　持ってくる
まんさくの花は点々と滴《したた》りに似た
花ともしない花だけれど

山の風が鳴る　*2疎林《そりん》の奥《おく》から
寒々とした日暮《ひぐれ》の雪をふんで
まんさくの花が咲いた　と
子供達が手折って持ってくる

（注）＊1まんさく…マンサク科の低木。早春に花が咲く。
＊2疎林…葉が落ちて、木がまばらになった林。

1 詩の表現技法

解答➡別冊解答16ページ

傍線部《ぼうせんぶ》に見られる表現技法を次の中から一つ選び、記号で答えなさい。

ア　体言止め　イ　反復法
ウ　倒置《とうち》

〔　　〕

2 詩の鑑賞《かんしょう》

この詩から読み取れる作者の思いとして最も適切なものを次の中から一つ選び、記号で答えなさい。

ア　普通《ふつう》では見分けられないような花を見つけてくる子供達の観察力に、驚嘆《きょうたん》している。
イ　花とも言えないような花に喜ぶ子供達を見て、北国に暮らす悲しさを感じている。
ウ　冬の寒さの厳しい北国で、わずかな春の兆《きざ》しを見つけた子供達の様子を見て共に喜びを感じている。
エ　冬の寒さの厳しい北国で、わずかでも楽しみを見つけようとする子供達に人間の強さを感じている。

〔　　〕

詩の読み方

作者の感動の中心を発見するには、題名のほか、比喩《ひゆ》表現や表現のくり返し（反復）などの表現技法に着目する。

知っトク　詩の形式

詩は、用語のうえから文語詩と口語詩に分けられ、形式のうえから定型詩・自由詩・散文詩などに分けられる。

「まんさくの花」は、歴史的かな遣いが使われていても口語詩に分類されることに注意。

詩の表現技法

・対句《ついく》…調子の似た言葉を重ねる。
・反復法…同じ言葉を重ねる。
・倒置《とうち》…言葉の順序をかえる。
・体言止め…体言で終止することで、余韻《よいん》を残す。

この詩では、同じ表現がくり返されていることに着目する。

■次の短歌を読んで、あとの問いに答えなさい。

A　やはらかに柳《やなぎ》あをめる北上《きたかみ》の
　岸辺目に見ゆ泣けとごとくに　石川啄木《いしかわたくぼく》

B　その子二十櫛《はたちくし》にながるる黒髪《くろかみ》の
　おごりの春のうつくしきかな　与謝野晶子《よさのあきこ》

C　白鳥はかなしからずや空の青
　海のあをにも染まずただよふ　若山牧水《わかやまぼくすい》

D　くれなゐの二尺伸《の》びたる薔薇《ばら》の芽の
　針《はり》やはらかに春雨のふる　正岡子規《まさおかしき》

■次の俳句を読んで、あとの問いに答えなさい。

A　名月や池をめぐりて夜もすがら　松尾芭蕉《まつおばしょう》

B　菜の花や月は東に日は西に　与謝蕪村《よさぶそん》

C　木枯《こがらし》の果《はて》はありけり海の音　池西言水《いけにしごんすい》

D　涼風《すずかぜ》の曲《まが》りくねつて来たりけり　小林一茶《こばやしいっさ》

3 短歌の表現技法一

字余りの短歌を一つ選び、記号で答えなさい。

〔　　〕

4 短歌の表現技法二

四句切れの短歌を一つ選び、記号で答えなさい。

〔　　〕

5 短歌の鑑賞

鮮《あざ》やかな色彩《しきさい》の対照が、もの悲しさをいっそう強調している短歌を一つ選び、記号で答えなさい。

〔　　〕

6 俳句の表現技法一

上のA・Bの俳句に、共通する切れ字を抜《ぬ》き出しなさい。

〔　　〕

7 俳句の表現技法二

二句切れの俳句を一つ選び、記号で答えなさい。

〔　　〕

8 俳句の鑑賞

春の野原の風景と空との対比を表現した俳句を一つ選び、記号で答えなさい。

〔　　〕

詩の鑑賞

くり返されている表現に、作者の思いが凝縮《ぎょうしゅく》されている。（注）も参考に読み取る。

短歌の読み方

短歌は五・七・五・七・七の定型詩。第一句（初句）～第三句を上《かみ》の句、第四句・第五句（結句）を下《しも》の句という。短歌を味わうときは、詠《よ》まれている対象や情景をとらえ、作者の感動の中心を考える。

・文に直して「。」（句点）のつくところを句切れという。

・定型に字数が足りない歌を字足らず、字数が超《こ》えている歌を字余りという。

俳句の読み方

俳句は五・七・五の定型詩。

・原則として季語が一つ詠み込《こ》まれる。

・「ぞ・や・かな・けり」などの切れ字で句切れ、切れ字のついた句に作者の感動が表現される。

注意！　俳句の季語

季語が表す季節は、旧暦《きゅうれき》に基《もと》づいている。

読解7（詩・短歌・俳句）

基礎力確認テスト

解答➡別冊解答16ページ

得点　／100点

1 次の詩を読んで、あとの問いに答えなさい。〈岩手〉

大空への思慕《しぼ》　福田《ふくだ》　正夫《まさお》

空をさしている大樹、
のびよ、その枝、その幹のごとく。

わが胸の奥《おく》にも、
大空への思慕がうめきながら、
生の呼吸を忙《いそが》しくする。

ああ、光の消え行くような夕暗に、
わが心の中の大樹はひっそりと立つ、
しずかにしずかにのびて行く、
わが正しき生命の影《かげ》を地上に長く曳《ひ》いて。

（『星の輝《かがや》く海』より）

(1) 傍線部《ぼうせんぶ》「生の呼吸を忙しくする」とありますが、これはどのような様子を表していますか。次の**ア**〜**エ**のうちから、最も適当なものを一つ選び、その記号を書きなさい。〔10点〕

ア 不本意な現状にいらだちを抑《おさ》え切れない様子。
イ わき上がる思いに息苦しささえも感じる様子。
ウ 大きな不安を抱《かか》えて胸が張り裂《さ》けそうな様子。
エ 精神を集中させるために深呼吸している様子。

〔　　〕

(2) 次の**ア**〜**エ**のうち、この詩の表現について説明したものとして、最も適当なものはどれですか。一つ選び、その記号を書きなさい。〔15点〕

ア 第一連の実景が第二、第三連のイメージに重ねられ、第三連で心の中の風景が印象的に表現されている。
イ 第一連から第三連へ変化する心情が、呼びかけや感動詞、倒置《とうち》法を用いながら直接的に表現されている。
ウ 句点によって各連が完結し、それぞれ独立したイメージにより描《えが》かれた情景が幻想《げんそう》的に表現されている。
エ 連を追うごとに行数が増え、情景のイメージが次第に鮮明《せんめい》になり、第三連では写実的に表現されている。

〔　　〕

2 次の短歌を説明したものとして最も適するものを、あとの**ア**〜**エ**の中から一つ選び、その記号を書きなさい。〈神奈川〉〔15点〕

> 開け放つ虫かごよりぞ十方にいきもののがれしたたるみどり
> 玉井《たまい》　清弘《きよひろ》

ア 虫かごの中で元気をなくした夏の虫たちが秋の草むらに逃《のが》れていく様子が、水がしたたるのにたとえられるとともに、そのか弱い感じがひらがな表記によって効果的に描かれている。

イ　虫かごから飛び出した夏の虫たちが草むらを元気よく跳《は》ね回る様子が、行動する範囲《はんい》の広さを暗示する「十方」の語と、わかりやすいひらがな表記によって具体的に描かれている。

ウ　夏の虫たちが虫かごから草むらへと力強く飛び出していく様子が、多くの虫を連想させる「十方」の語と、漢字かな交じりからひらがなへの表記の変化によって象徴《しょうちょう》的に描かれている。

エ　夏の虫たちが開け放たれた虫かごから逃れていく様子が、草むらの中に緑の水がしたたっていくかのようにたとえられるとともに、ひらがな書きの効果によって印象的に描かれている。

〔　　〕

3　次の俳句を読んで、あとの問いに答えなさい。

A　木がらしや*1目刺《めざし》にのこる海《うみ》のいろ　芥川《あくたがわ》龍之介《りゅうのすけ》

B　*2くろがねの秋の風鈴鳴りにけり　飯田《いいだ》蛇笏《だこつ》

C　元旦や黒き空《そら》より風が吹く　青木《あおき》月斗《げっと》

D　*3萩《はぎ》の風何か急《せ》かるゝ何ならむ　水原《みずはら》秋櫻子《しゅうおうし》

E　未来より滝を吹き割る風来たる　夏石《なついし》番矢《ばんや》

F　夏嵐机上の白紙飛び尽《つ》す　正岡《まさおか》子規《しき》

〈福島〉

（注）*1目刺…イワシなどの魚を塩水に漬けたのち、竹串で数匹ずつ刺しつらねて干した食品。　*2くろがね…鉄の古い呼び名。　*3萩…植物の名。

(1)　つぶやくような自分自身への問いかけを描くことで、作者の内面にある、漠然としたあせりを詠《よ》んでいる俳句はどれか。A～Fの中から一つ選びなさい。〔15点〕

〔　　〕

(2)　冷たく乾いた風の吹きすさぶ様子を切れ字を用いて強調する一方で、眼前の小さなものが連想させる豊かな色彩のイメージを表現している俳句はどれか。A～Fの中から一つ選びなさい。〔15点〕

〔　　〕

(3)　次の文章は、A～Fの中のある俳句の鑑賞文である。この鑑賞文を読んで、あとの①、②の問いに答えなさい。〔15点×2〕

> この句で作者は、垂直に流れ落ちる水に向かっていく力強い風の様子を、「[Ⅰ]」という言葉で表現している。想像される水の姿が大きければ大きいほど、それを「[Ⅰ]」ために必要な風力は増すことになり、句のイメージはいっそう[Ⅱ]なものとなる。
> 　また、作者は、この風を、[Ⅲ]と捉えている。勢いよく現在の世界にやって来た、未来からの風として描くことによって、未来の世界の力強さや明るさを意識させる句となっている。

①　[Ⅰ]にあてはまる最も適当な言葉を、その俳句の中から四字でそのまま書き抜きなさい。

②　[Ⅱ]、[Ⅲ]にあてはまる言葉の組み合わせとして最も適当なものを、次の**ア**～**オ**の中から一つ選びなさい。

ア　Ⅱ　繊細　Ⅲ　自然の偉大な力を実感させるもの

イ　Ⅱ　広大　Ⅲ　過去の記憶をよみがえらせるもの

ウ　Ⅱ　壮大　Ⅲ　本来の時の流れから解放されたもの

エ　Ⅱ　科学的　Ⅲ　現在の世界の苦しさを和らげるもの

オ　Ⅱ　感動的　Ⅲ　多くの人間から長く親しまれたもの

〔　　〕

作文

基礎問題

1 課題作文

「あなたが勇気づけられた言葉」について、あなた自身の経験を踏《ふ》まえて、一八〇字以内で書きなさい。

〔注意〕
①題名や名前は書かなくてよい。
②段落に分けないこと。

解答➡別冊解答18ページ

作文の書き方

・与《あた》えられた課題や条件を、正しく理解する。
・原稿用紙《げんこうようし》の使い方に注意して書く。

注意！ 原稿用紙の使い方

普通《ふつう》、書き始めや段落の初めは一マス空ける。句読点やカギ（「 」）なども一マスに一つ書く。
・最後に、誤字や脱字《だつじ》はないか、正しい文になっているか、字数や段落などの条件を守っているかなどを確認《かくにん》する。

課題作文

与えられたテーマや題材に基《もと》づいて書く作文。
・課題に合った題材を考える…自分の経験や身近な印象深い出来事など。
・自分の意見や感想を明確にする…課題についての自分の考えをはっきりさせて、それに沿って書く。

学習日　月　日

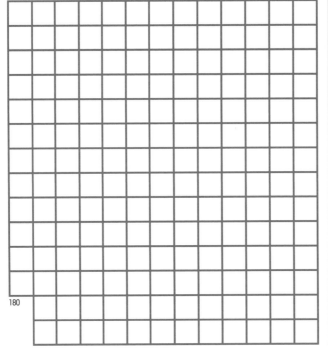

2 条件作文

「運動部の活動方針」について、次の二つのどちらかの立場を選び、あなたの考えを書きなさい。

①みんながやりがいをもって活動できるように、より高い成績をめざして厳しい練習を行う。

②幅《はば》広い参加者を募《つの》るために、みんなが余裕《よゆう》をもって参加できる練習スケジュールにする。

〔条件〕

・あなたや身近な人の体験を踏まえて書くこと。

・一八〇字以上二〇〇字以内で書くこと。

200

・文章の構成を考える…意見や主張、感想の部分と、経験や具体例の部分を分け、文章の組み立てを決める。

例 自分の経験→思ったことや意見　など。

・書いた作文を推敲《すいこう》する。

条件作文

与えられた条件を分析《ぶんせき》・解釈《かいしゃく》し、その結論に基づいて書く作文。

例 グラフや資料から読み取ったことを書く、詩や古文などの鑑賞《かんしょう》文を書く、いくつかの考えから一つの立場を選んで意見を述べる、など。

・条件を正しく分析・解釈する…メモをとるなどして、要点をとらえる。

・書く内容のポイントを絞《しぼ》る…さまざまなことが読み取れるものでも、書く内容は絞ったほうがよい。

・自分の意見や感想を明確にする

・説得力のある構成を考える…自分が結果や意見を導き出した根拠《こんきょ》をはっきりさせて、筋道のたった文章構成を考える。

・書いた作文を推敲する。

解答→別冊解答18ページ

得点　／100点

1 次のグラフは、若者に、「自分が社会に役立つためにしたい活動」と「実際に自分がしている、社会に役立つ活動」について調査した結果を表したものである。あなたは、このグラフから、どのようなことを考えるか。あなたが考えたことを、あなたが体験したことや学んだことなど、身近なところにある事柄《ことがら》と関連させて書きなさい。ただし、次の条件①、②にしたがうこと。〈静岡〉〔40点〕

〔条件〕

①一マス目から書き始め、段落は設けないこと。

②字数は、百五十字以上、百八十字以内とすること。

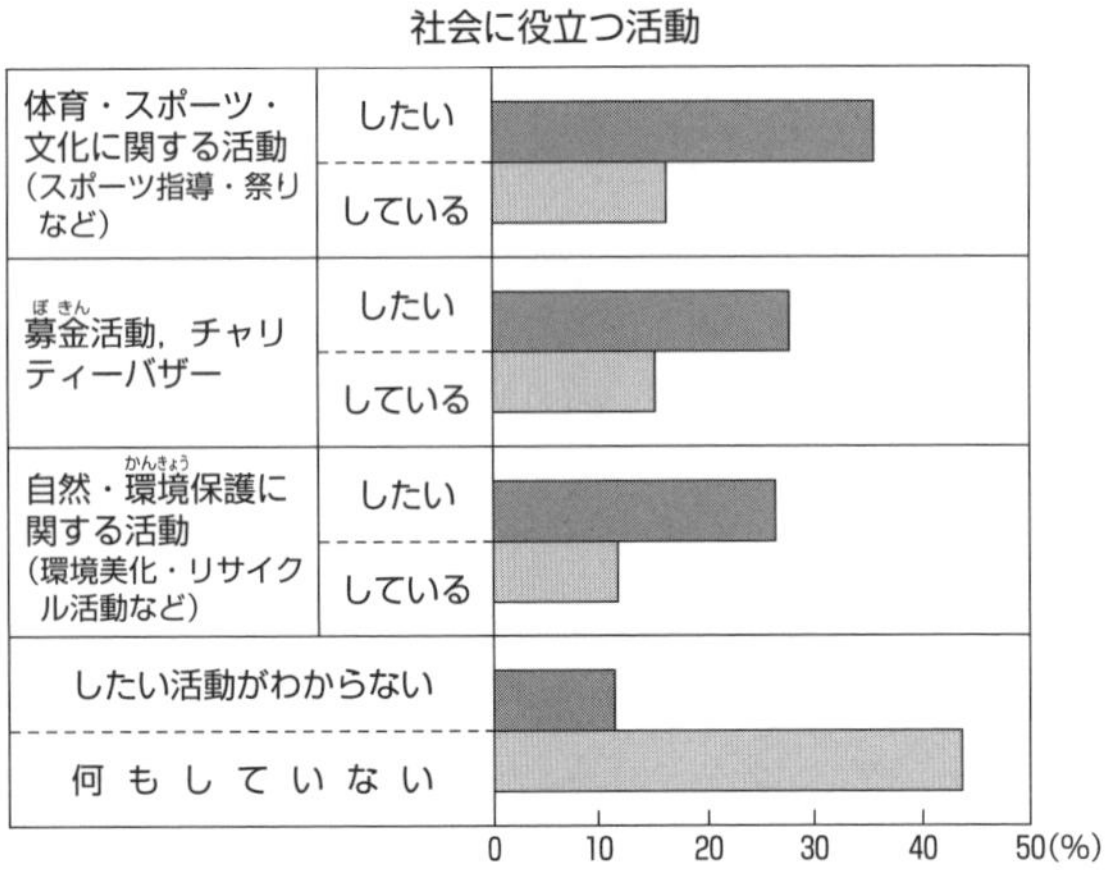

注1　静岡県青少年問題協議会「若者の社会参画に関するアンケート報告書」（平成25年）により作成
注2　調査対象は，高校生・専門学校生・大学生及び30歳未満の社会人，計約1,500人
注3　調査項目の中から一部の項目を取り上げたもの（複数回答可）

180

2 あなたのクラスでは、国語の授業で、次の□の中の標語が紹介された。あなたは、この標語から、どのようなことを考えるか。あなたが考えたことを、あなたが体験したことや学んだことなど、身近なところにある事柄と関連させて書きなさい。ただし、次の条件1、2にしたがうこと。〈静岡〉〔30点〕

条件1　一マス目から書き始め、段落は設けないこと。
条件2　字数は、百五十字以上、百八十字以内とすること。

つなげよう　ひとりひとりの　思いやり
（厚生労働省「平成二十四年度　児童福祉週間」標語より）

---

3 ある中学校の生徒会では、体育大会に向けて全校生徒が心を一つにし、前向きに取り組めるようスローガンを決めることにしました。
次の**ア**〜**ウ**のスローガンのうち、あなたならどのスローガンを選びますか。選んだスローガンの良さについて、あなたの考えをあとの〔注意〕にしたがって書きなさい。〈滋賀〉〔30点〕

ア　こころ　つなげる　たかめあう　　**イ**　躍動《やくどう》　感動　一致《いっち》団結
ウ　咲《さ》かせよう　笑顔《えがお》という名の　大輪を

〔注意〕（1）選んだスローガンの記号を書くこと。
（2）原稿用紙の正しい使い方にしたがい、百字以上、百四十字以内で書くこと。

選んだスローガン〔　　〕

第1回　3年間の総復習テスト

時間……30分　解答➡別冊解答20〜21ページ

得点　／100点

1　次の文章を読んで、あとの問いに答えなさい。〈岐阜改〉

小学校五年生のカズヤは、転校を間近に控《ひか》えた親友のトオルと、二人でいっしょに海まで出かける。途中《とちゅう》で雨が降りだし、荷物に本を持ってきていた二人はスーパーで雨宿りをする。お互《たが》いが相手に渡《わた》すために本を持ってきていることを知った二人は、そこで本を交換《こうかん》することにする。

「じゃあ、同時に見せっこしようぜ。」

「うん……。」

ガッツポーズと同じように、いっせーのっせっ、というかけ声なしに、僕《ぼく》たちは手に持った本を出した。*

①「トム・ソーヤーの冒険《ぼうけん》」と、「ハックルベリー・フィンの冒険」が向き合った。

僕たちはあ然として、呆然《ぼうぜん》として、しばらくそのまま黙《だま》り込《こ》んだ。

先にプッと噴《ふ》き出したのはトオルで、「なんだよーっ。」と声をあげたのは僕だった。

「……もともとカズヤの本なんだから、返してやるだけだよ。」

トオルはムスッとした顔と声で言った。言いたかったせりふを先に言われた僕も「こっちもだよ。」と口元をもぞもぞさせて言った。「だから、べつに、プレゼントなんかじゃないし……。」

「わかってるよ、そんなの。」

「オレだってわかってるよ。」

「オレ、いらないから、カズヤが二冊とも持ってろよ。」

「オレだっていらないよ、おまえが両方持ってろよ。」

「いらないって。」

「オレもいらないって言ってるだろ。」

僕たちはまた黙り込む。今度は、先に「まいっちゃったなあ……。」と苦笑《くしょう》交じりに［　　］をかしげたのは僕で、トオルは「信じられねーよ……。」とため息をついた。

結局、二冊は交換することになった。僕は「トム・ソーヤー」を受け取り、トオルは「ハックルベリー・フィン」を新しい町に持って行く。トムとハックがトオルの本棚《ほんだな》の中で並ぶ夢は消えた。トオルが思い浮《う》かべていた、僕の本棚の中でトムとハックが並ぶ夢も、いっしょに消えてしまった。でも、②それも、まあ……いいか。

〈交換した本をリュックにしまっていたら、先にリュックの蓋《ふた》を閉めたトオルが、黙って自転車にまたがって、黙って外に漕《こ》ぎ出した。

「ちょっと待てよ！　おい、トオル！」

あわてて追いかけた。でも、トオルは振《ふ》り向きもしない。

土手に戻《もど》った。海に向かって、路面に溜《た》まった水を派手《はで》にはね上げながら、トオルはさらに力強く自転車を漕いでいく。まるで飛行機が滑走《かっそう》路《ろ》で加速するように、ぐんぐんスピードを上げて、そして——

「うおおおおおーっ！　うおおおおおーっ！」

吠《ほ》えた。なんなんだ？　と驚《おどろ》いていたら、絶叫《ぜっきょう》はやがて言葉になった。

「転校したくねえよおおおーっ！　オレ、転校やだよおおおおおおーっ！」

僕を振り向かない。自転車のスピードもゆるめない。まっすぐに前を見て、びしょぬれの背中を丸めて、叫《さけ》びつづける。

「転校、やだやだやだやだやだやだーっ！　引っ越《こ》ししたくないないないないないーっ！」〉

僕は黙ってペダルを踏《ふ》み込む。トオルの背中を追いかける。

（重松《しげまつ》　清《きよし》『僕たちのミシシッピ・リバー』より）

（注）＊「ハックルベリー・フィンの冒険」…少年ハックを主人公とする小説で、少年トムを主人公とする小説「トム・ソーヤーの冒険」の続編。

(1) 波線部の助動詞「れ」の意味を次の**ア**～**エ**から選び、記号で答えなさい。〔5点〕

ア 受け身　**イ** 尊敬

ウ 自発　**エ** 可能

〔　　〕

(2) 傍線部《ぼうせんぶ》①「『トム・ソーヤーの冒険』と、『ハックルベリー・フィンの冒険』が向き合った」とありますが、二冊の本が向き合ったことから、カズヤとトオルはお互い同じことを考えていたということがわかります。それはどのようなことですか。十五字以上二十字以内でまとめて書きなさい。ただし、「トムとハック」、「本棚」という二つの言葉を使うこと。〔15点〕

(3) 「納得がいかない様子」を表す慣用句になるように、□に入る体の一部を表す言葉を書きなさい。〔10点〕

〔　　〕

(4) 傍線部②「それも、まあ……いいか」とありますが、このときのカズヤの気持ちとして最も適切なものを、**ア**～**エ**から選び、記号で書きなさい。〔10点〕

ア 二冊とも自分が持っていたいと思ったが、一冊だけ持つことで我慢《がまん》しようとしている。

イ トオルのせっかちな性格を考えれば、結局はトオルが二冊とも持って行くだろうと思っている。

ウ 思いはかなわなかったが、持って来た本を取りかえて、お互いに一冊ずつ持つのも悪くないと感じている。

エ これ以上意地を張り合っていてもしかたがないから、持って来た本を取りかえるのをやめようと考えている。

〔　　〕

(5) 次の□内の文は、〈　〉内のトオルの気持ちについてまとめた一例である。A、Bに入る最も適切な言葉を、それぞれ本文中から抜《ぬ》き出して書きなさい。ただし、字数はA、Bにそれぞれ示した字数とする。〔5点×2〕

> 親友のカズヤと A（五字） を、自分のリュックにしまったことをきっかけとして、これまで抑《おさ》えてきた B（五字） ないという思いがあふれ出した。

A

B

2 次の詩を読んで、あとの問いに答えなさい。 〈岩手〉

鉄棒　　　村野《むらの》四郎《しろう》

僕は地平線に飛びつく
*1僅に指さきが引つかかつた
僕は世界にぶら下つた
筋肉だけが僕の頼みだ
僕は赤くなる　僕は収縮する
足が上つてゆく
おお　僕は何処《どこ》へ行く
大きく世界が一回転して
僕が上になる
高くからの　*2俯瞰
ああ　両肩に柔軟な雲

（『日本名詩選2〔昭和戦前篇《へん》〕』より）

（注）*1僅《わずか》に…数量や程度などがほんの少しである様子。
*2俯瞰《ふかん》…高いところから広く見渡すこと。

(1) 傍線部「僕は地平線に飛びつく」とありますが、次の**ア**～**エ**のうち、これと同じ表現の技法が用いられているものとして、最も適当なものはどれですか。一つ選び、その記号を書きなさい。〔10点〕

ア ふさぎ込んでいる私にとって、母の笑顔は太陽だ。
イ 大雨の中、姉が一人で帰ってきた、傘もささずに。
ウ 南風と雪解けが、少し早い春の訪れを告げている。
エ まだ二月だというのに、まるで春のような陽気だ。 〔　　〕

(2) 次の**ア**～**エ**のうち、この詩を鑑賞して書かれた文として、最も適当なものはどれですか。一つ選び、その記号を書きなさい。〔10点〕

ア 「鉄棒」を取り上げ、「高くからの俯瞰」などの視覚的な表現を用いてコマ送りのスロー映像のように表すことで、逆上がりの動きを読者にイメージさせやすくする工夫が感じられる。
イ 「鉄棒」を取り上げ、肉体運動の美を「僕は収縮する」などと直接的に表現する一方で、「僕は赤くなる」などの感動の表現によって読者の共感を呼ぼうとする工夫が感じられる。
ウ 「鉄棒」を取り上げ、挑戦者としての「僕」が「大きく世界が一回転して」の行を転機に、目標の達成者として爽快感をいだいている姿が生き生きと描かれているような印象を受ける。
エ 「鉄棒」を取り上げ、初心者であった「僕」が「僕は何処へ」に表された不安を払いのけ、技の熟達者となった満足感に浸っている姿が鮮やかに描かれているような印象を受ける。 〔　　〕

3 次のA、Bの俳句とCの短歌、それぞれの鑑賞《かんしょう》文を読んで、あとの問いに答えなさい。 〈岩手〉

A　光堂《ひかりどう》より一筋の雪解水《ゆきげみず》　　有馬《ありま》朗人《あきと》

この句の下敷《したじ》きになっているのが「五月雨《さみだれ》のふり残してや光堂」（松尾芭蕉《まつおばしょう》）であることは、言うまでもない。芭蕉の句は中尊寺《ちゅうそんじ》金色堂の燦然《さんぜん》と輝《かがや》く様子を称《たた》え、有馬朗人の句は絢爛《けんらん》たる光堂から輝いて流れ出る雪解水の美しさを繊細《せんさい》な感受性をもって詠《よ》みとめている。芭蕉の句に繫《つな》がることによって朗人の句には膨大《ぼうだい》な時間が取り込《こ》まれ、十七音の小さな詩型に無限の大きさが内包されている。（「現代俳句の鑑賞事典」による）

B　人はみななにかにはげみ初桜　　深見《ふかみ》けん二《じ》

「はげむ」とは目的に向かって心を奮い立たす、精を出す、という自発的な心の動きだ。桜の蕾《つぼみ》がふくらんで、初めての花がひらくのを目《ま》のあたりにする時、花もまた一心に咲《さ》くことをめざしてはげんでいることに思い至る。寒い冬の間も地中から養分を吸い上げ、花となって咲く力が、樹液とともに脈々と枝々を走り、時が至って花ひらく。この句は人間讃歌《さんか》でありながら、人間を含《ふく》む大いなる自然への讃歌でもある。

（「現代俳句の鑑賞事典」による）

C　真に偉大《いだい》であった者なく三月の花西行《さいぎょう》を忘れつつ咲く　　三枝《さいぐさ》昂之《たかゆき》

人間の歴史のなかで、「真に偉大であった」者、絶対の英雄《えいゆう》などいるのか。否《いな》だ。どんな英雄も人知れず弱さを抱《かか》え苦悩《くのう》を抱え、それぞれの生を必死に生きたまでのこと。そういう個人の当たり前で切実な生と思いもろとも、時間と歴史は飲み込んでゆく。おりしも三月、盛りの季節にむかって勢う桜も、偉大な歌人西行のことなど忘れ、一心に咲きつぐばかりだ。

（「現代短歌の鑑賞事典」による）

(1) 次の**ア**～**エ**のうち、A、Bの俳句と同じ季節が詠まれている俳句はどれですか。一つ選び、その記号を書きなさい。〔10点〕

ア　ピストルがプールの硬《かた》き面《も》にひびき　　山口《やまぐち》誓子《せいし》

イ　咳《せき》の子のなぞなぞあそびきりもなや　　中村《なかむら》汀女《ていじょ》

ウ　ものの種《たね》にぎればいのちひしめける　　日野《ひの》草城《そうじょう》

エ　をりとりてはらりとおもきすすきかな　　飯田《いいだ》蛇笏《だこつ》

【　　】

(2) 次の**ア**～**エ**のうち、A～Cの三つの作品に共通することについて説明したものとして、最も適当なものはどれですか。一つ選び、その記号を書きなさい。〔10点〕

ア　季節の変わり目にあたって、人間の思いをも包み込んで無限の時を刻み続ける自然の大きさに心を動かされている。

イ　歴史上の人物を思い起こして、めぐり来る自然に溶《と》け込むように生きてきた人間のたくましさに心がふるえている。

ウ　四季の移り変わりに目を向けて、再びめぐってきた季節のいぶきに喜びを感じている人間の姿に心を躍《おど》らせている。

エ　目の前に広がる風景を取り上げて、常に人間に生きる勇気と感動を与《あた》えてきた自然の偉大さに心がときめいている。

【　　】

4　次の文章中の傍線部を、直前の文末「くださいました」と同じ表現の繰《く》り返しにならないようにしたい。「言う」を「店員さん」への敬意を表す表現に言い換《か》え、直前の文末と同じ表現にならないように、傍線部を書き直しなさい。〈静岡〉〔10点〕

そのうち店員さんが私の様子に気づいて、清掃《せいそう》の手順を教えてくださいました。そして、仕事をする上では、わからないことを遠慮《えんりょ》せずにきちんと聞くことが大切だと言ってくださいました。

【　　】

第2回　3年間の総復習テスト

時間……30分　解答➡別冊解答22〜23ページ

得点　　／100点

1　次の文章を読んで、あとの問いに答えなさい。〈千葉改〉

ひとは「うれしい」とかんたんに言う。「悲しい」とも、かんたんに言う。

だれかに何か贈《おく》り物をもらったとき、あるいは優《やさ》しい言葉をかけてもらったとき、そのひとへの返礼の気持ちを表すのに、「うれしい」は、たしかに、簡潔にして[a]テキカクな言葉である。「うれしい」との発言が、気持ちのやりとりの行為《こうい》として、儀礼《ぎれい》的ともいえるその行為の＊1脈絡《みゃくらく》のなかに、きちんとはまっているからである。

ところが、「うれしい」とは言ったものの、じぶんのほんとうの気持ちはいったいどういうものなのだろうかと自問しはじめると、事はとたんにやっかいになる。「うれしい」の一言では、言葉はまったく足りないような気になる。口では「うれしい」とは言いながら、「申し訳ない」という恐縮《きょうしゅく》した気持ち、「借りができたな」という負担の気持ち、「うれしい」の一言ではとても言い尽《つ》くせない感謝の気持ち……と、さまざまな想いが＊2錯綜《さくそう》しているのに気づく。言葉に、綾《あや》が、陰影《いんえい》がまとわりついているのに気づく。じぶんがいま抱《いだ》いている感情に対して、言葉がつくづく乏《とぼ》しいとおもう。「うれしい」の一言がじぶんの心の陰《かげ》りや裾野《すその》にまで届いていないなと、おもう。

①けれどもほんとうにそうなのだろうか。

ある哲学者《てつがく》が言っていた。もしわたしたちが言葉というものをもたなかったら、ひとはいまじぶんを[b]襲っている感情がいったいどういうものか、おそらくは理解できなかったであろう、と。これが意味するところは、言葉が、何かすでにあるものを叙述《じょじゅつ》するというより、なにかある、形のさだかでないものに、はじめてかたどりを与《あた》えるということだ。言葉にしてはじめて分かるということがあるということだ。

「分かる」とは、まさに言い得て妙《みょう》である。もやもやしたこと、漠然《ばくぜん》としてなにか分からないものに[c]ツツまれているとき、それをいくつかの要素に区分けする。たとえばひとの感情なら、喜怒哀楽《きどあいらく》に分ける。いやそもそも感情じたいが、意志や判断と分けてはじめて、それとして＊3同定できるものである。形なきものに形を与えるということ、そこに言葉のはたらきがある。言葉にすることではじめて存在するようになるものがあるということだ。

いったん区分けをすると、こんどはその＊4はざまやあわいにあるものが見えてくる。陰りや＊5グラデーションといった[d]濃淡も見えてくる。さらにはその裏で同時にうごめきだしている反対感情も顕在化《けんざいか》してくる。そのようにして、心にますますこまやかな[e]起伏や襞《ひだ》が、つまりは「あや」（綾・彩）が生まれるのである。②言葉が心にかたどりを与えるというのは、そういうことだ。

こうして言葉が心の機微《きび》を表すようになる。が、これは、言葉が心をじゅうぶんに表現できないというのとじつは同じことである。ひとつの言葉でそれを表しても、それにおさまりきらないものがかならずあるからである。言葉はひとつの切り取りであり、別の切り取り方をすれば、別の表情がそこに生まれるからである。

（鷲田清一《わしだきよかず》『〈想像〉のレッスン』より。なお、一部表記を改めたところがある。）

（注）＊1脈絡…物事のつながり。筋道。　＊2錯綜…複雑に入り組むこと。

＊3同定…あるものをあるものとして認めること。
＊4はざまやあわい…ものとものとの間の狭《せま》い部分。すきま。
＊5グラデーション…色彩や色調のぼかしや段階的な変化。

(1) 傍線部《ぼうせんぶ》a～eのカタカナの部分を漢字に、漢字の部分をひらがなに直して書きなさい。〔3点×5〕

a〔　〕　b〔　〕　c〔　〕　d〔　〕　e〔　〕

(2) 文章中の傍線部①「けれどもほんとうにそうなのだろうか」とありますが、筆者はこの文によってどのように論理を展開しようとしていますか。その説明として最も適当なものを、次の**ア**～**エ**のうちから一つ選び、その記号を書きなさい。〔15点〕

ア 言葉では感情を言い尽くせないと思ってしまうことに疑問を投げかけ、言葉のはたらきについて考えさせようとしている。
イ 感情は言葉よりも複雑なものなのだということを暗に示し、言葉が持っている力の限界についてわからせようとしている。
ウ 感情を伝えるためには豊富な言葉が必要だと考えることを否定した上で、言葉に頼《たよ》ることの怖《こわ》さを学ばせようとしている。
エ 言葉が感情を左右すると考えるのは間違《まちが》っているのだということを強調し、言葉の本質について理解させようとしている。

〔　〕

(3) 傍線部②「言葉が心にかたどりを与える」とありますが、その内容を説明した次の文章の A には十三字で、B には四字で、C には十字以内で、それぞれに入る適当な言葉を書きなさい。ただし、A・B は文章中から抜《ぬ》き出すこと。〔5点×3〕

> 言葉によって自分の感情を A ことで、もやもやした感情が理解できるようになる。また、そうすることにより、はざまやあわいにあるものが意識できるようになり、さらにはその裏で B もあらわになってくる。このようにして心に C 、言葉が心の微妙《びみょう》なおもむきを表すようになる。

A〔　　　　　　　　　　　　　〕
B〔　　　　〕
C〔　　　　　　　　　　〕

2 次の文章を読んで、あとの問いに答えなさい。〈三重〉

菅家（菅原道真が）、＊1大宰府《だざいふ》におぼしめしたちける（旅立つことを決心された）ころ、
＊2東風《こち》吹かばにほひおこせよ梅の花主《あるじ》なしとて春な忘れそ
とよみおきて、都を出でて、＊3筑紫《つくし》に移り給ひてのち、かの＊4紅梅殿、梅の片枝（一本の枝が）、飛び参りて、生《む》ひ付きにけり（生えついた）。
ある時、この梅に向《むか》ひて、
ふるさとの花のものいふ世なりせばいかに昔のことをとはまし（世であったなら、どうにかして昔のことを尋ねただろうに）
とながめ給ひければ（お詠みになった時）、この木、

①先人於故宅　（先人故宅に於《お》いて）
先人の旧宅

籬廃ル二於旧年ニ一　（＊5籬《まがき》、旧年に廃る）
昨年から荒れはて

麋鹿猶棲ム所　（麋鹿《びろく》、猶棲《なおす》む所）
鹿たちの住み家と化し

無レ主クシテ独リ碧天　（主無くして独り碧天《へきてん》）
青空のみが澄みわたる

と申したりけるこそ、②あさましともあはれとも、心も及ばれね。
返事をした　驚くほどで　想像もつかないことではないか

（『新編　日本古典文学全集』「十訓抄《じっきんしょう》」より）

（注）＊1大宰府…筑前《ちくぜん》の国（今の福岡県）に置かれた官庁。　＊2東風…東方から吹いてくる風。春風。　＊3筑紫…九州北部を中心とする地域の古い呼び名。　＊4紅梅殿…都にあった菅原道真の邸宅。　＊5籬…柴や竹で間を広くあけて造った垣根。

(1) 傍線部①「先人於故宅」を、「先人故宅に於て」と読むことができるように返り点をつけたものは、次の**ア**〜**エ**のうちどれか。最も適当なものを一つ選び、その記号を書きなさい。〔10点〕

ア 先人二於故宅一　**イ** 先人レ於レ故宅
ウ 先人於レ故宅　**エ** 先人於二故宅一
〔　　〕

(2) 傍線部②「あさましともあはれとも、心も及ばれね」は、筆者の感想である。これはどのようなことに対しての筆者の感想か。次の［　　］の中の文の［　　］に入る言葉を、十字以上十五字以内の現代語で書きなさい。〔20点〕

［梅の木が、主人の移った土地まで飛んで行き、生えついたうえに、［　　］こと。］

---

3 「他者からの学び」について、体験をとおして、あなたが感じたことや考えたことを、百六十字〜二百字で書きなさい。〈宮城〉〔25点〕

〔作文の注意〕
①原稿用紙《げんこうようし》の正しい使い方にしたがい、文字やかな遣《づか》いも正確に書くこと。
②題名、氏名は書かないこと。

200

中学3年間の総復習 国語 改訂版

とりはずして使用できる！

別冊解答

実力チェック表

「基礎《きそ》力確認《かくにん》テスト」「総復習テスト」の答え合わせをしたら，自分の得点をぬってみましょう。

ニガテな単元がひとめでわかります。

得点の低い単元は，「基礎問題」に戻《もど》って確認をしてみましょう。

1日目 漢字（漢字の読み書き・送りがな）	0 10 20 30 40 50 60 70 80 90 100(点)	復習日 月 日
2日目 語彙《ごい》（対義語・類義語・ことわざ・慣用句）	0 10 20 30 40 50 60 70 80 90 100(点)	復習日 月 日
3日目 文法１（文の組み立て・文節・係り受け）	0 10 20 30 40 50 60 70 80 90 100(点)	復習日 月 日
4日目 文法２（自立語）	0 10 20 30 40 50 60 70 80 90 100(点)	復習日 月 日
5日目 文法３（付属語）	0 10 20 30 40 50 60 70 80 90 100(点)	復習日 月 日
6日目 敬語	0 10 20 30 40 50 60 70 80 90 100(点)	復習日 月 日
7日目 読解１（論説文①）	0 10 20 30 40 50 60 70 80 90 100(点)	復習日 月 日
8日目 読解２（論説文②）	0 10 20 30 40 50 60 70 80 90 100(点)	復習日 月 日
9日目 読解３（小説①）	0 10 20 30 40 50 60 70 80 90 100(点)	復習日 月 日
10日目 読解４（小説②）	0 10 20 30 40 50 60 70 80 90 100(点)	復習日 月 日
11日目 読解５（古文・漢文①）	0 10 20 30 40 50 60 70 80 90 100(点)	復習日 月 日
12日目 読解６（古文・漢文②）	0 10 20 30 40 50 60 70 80 90 100(点)	復習日 月 日
13日目 読解７（詩・短歌・俳句）	0 10 20 30 40 50 60 70 80 90 100(点)	復習日 月 日
14日目 作文	0 10 20 30 40 50 60 70 80 90 100(点)	復習日 月 日
第１回 3年間の総復習テスト	0 10 20 30 40 50 60 70 80 90 100(点)	復習日 月 日
第２回 3年間の総復習テスト	0 10 20 30 40 50 60 70 80 90 100(点)	復習日 月 日

➡得点の見方は最終ページ「受験合格への道」へ

1日目

漢字（漢字の読み書き・送りがな）

基礎問題 解答

→問題2ページ

1 (1)①エ ②エ ③ウ ④イ ⑤オ ⑥ア
(2)①さえぎ ②ひろう ③あずき ④すいこう ⑤しない ⑥すこ
(3)①招待 ②裁断 ③垂直 ④博物館 ⑤天候 ⑥装備

2 (1)①退く ②幼い ③築く ④疑う ⑤拾う ⑥補う

3 (1)①意向 ②移行 ③以降 ④想像 ⑤創造 ⑥意義 ⑦異議 ⑧公開 ⑨航海 ⑩完成 ⑪感性
(2)①イ ②ア ③イ ④イ

4 (1)①ウ ②ア ③エ ④イ
(2)①ア ②ウ
(3)エ

5 (1)9（画）

基礎力確認テスト 解答・解説

→問題4ページ

1 ①たぼう ②あつか ③すいてき ④へだ ⑤おんけい
2 ①看板 ②祝辞 ③暴れる ④困る
3 ①あ ②なごり ③裁 ④観賞 ⑤出
4 ①構成 ②後世 **5** 例彼の謙虚さには感心させられる。（15字）
6 ①イ ②ウ ③ア **7** ア **8** イ
9 ①刀・断 ②機・転 **10** ことば・イ／意味・ア **11** ア

1 ④の「隔《へだ》てる」は、「何かで間を仕切る」「距離《きょり》を置く」という意味。「融（ゆう）」と形が似ているので注意しよう。

2 ①の「看板」の「看」の一画目は、右から左に払《はら》う。②の「祝辞」は、「祝いの言葉」。「辞」には、「言葉」という意味がある。

3 ②「名残」は「何かが過ぎ去ったあとに残る気配や影響《えいきょう》」を意味する**熟字訓**。熟語で読み方をしっかり覚えておこう。⑤は、「**出**」という字を入れると「門出」「外出」「出現」「出口」という二字熟語ができる。

4 **同音異義語**の設問。文章の中でそれぞれの語がどのような意味で使われているかをとらえよう。①は、「いくつかの要素で組み立てること」を意味する「**構成**」があてはまる。②は、「あとに続く時代」を意味する「**後世**」があてはまる。

5 「**関心**」の同音異義語は、「**感心**」のほかに「**歓心**（うれしいと思う気持ち）」もある。「歓心」は「歓心を買う」「歓心を得る」などと使う。

6 「すすめる」と読む**同訓異字**の設問。**ア**「進める」は「前に移動させる」「ものごとを前進させる」意味で使う。**イ**「薦める」は「採用するようにいう」意味で使う。**ウ**「勧める」は「何かをするように相手に誘《さそ》いかける」意味で使う。

7 「想」は「思い浮《う》かべる」、「像」は「形・姿」という意味なので、「想像」は、「姿を思い浮かべる」の意味で、下の字が上の字にかかっている。同じ構成の熟語は、「群を抜《ぬ》く」と表すことのできる**ア**の「抜群《ばつぐん》」。

8 「防寒着」は「**防寒＋着**」という構成になっている。**ア**は「新＋製品」、**イ**は「洗面＋器」、**ウ**は「雪＋月＋花」、**エ**は「無＋理解」という構成になっている。

9 「**一刀両断**」は「きっぱりとした処置をすること」、「**心機一転**」は「あることをきっかけに、心持ちを変えること」。

10 「さまざまな意見」「特に目新しいものはなかった」という内容から、「似たりよったり」という意味の**イ**「**大同小異**」があてはまる。

11 「提」の部首は「扌（てへん）」。**ア**と組み合わせると「挑」の字になる。行書になると画数も変わって判別しにくいものもある。

2 日目

語彙《ごい》（対義語・類義語・ことわざ・慣用句）

基礎問題 解答

問題6ページ

1 (1) ①縮 ②果 ③復 ④加 ⑤否 ⑥不
(2) ①部分 ②及第 ③具体 ④退化 ⑤危険 ⑥未決 ⑦義務 ⑧無効

2 (1) ①要 ②残 ③格 ④道 ⑤大 ⑥宝
(2) ①イ ②ウ ③エ ④ア

3 (1) ①エ ②ウ ③オ ④ア ⑤イ ⑥カ
(2) ①ウ ②エ ③オ ④イ ⑤ア

4 (1) ①目 ②手 ③水 ④油 ⑤胸

5 (1) ウ

基礎力確認テスト 解答・解説

問題8ページ

1 ア
2 過失
3 イ
4 ウ
5 Ⅰ千里 Ⅱア
6 歯
7 棒

1 アの「理性的」は、「感情に動かされず、冷静に筋道立てて物事を考え、その判断に従うさま」を表す。「**理性**」と「**感情**」は、対義語としてセットで覚えておくこと。

2 「**故意**」は「**ある結果を引き起こすことがわかっていてわざとすること**」。設問文にある意味をヒントに考えると、「**過失**」が正解。「故意」の対義語は「不意」などと間違《まちが》えやすいが、行動だけにとどまらず結果を伴《ともな》う言葉であることに着目する。

3 「**適不適**」とは、「適当」と「不適当」を表す。「それぞれ適不適が」ある、とは、「それぞれに**適当か不適当かが**」ある、ということ。「**適するか適さないか**」を表す**イ**「**適否**」が正解。**ア**「適正」は「あてはまっていて正しいこと」。**ウ**「適宜《てきぎ》」は「場の状況《じょうきょう》にあてはまっていること」。**エ**「適応」は「状況に合うこと」「状況に合うように行動や性質を変えること」。

4 「売り言葉」は「わざと相手を怒《おこ》らせるような、いきすぎた言葉」のこと。「**売り言葉に買い言葉**」で**慣用句**として使われる。

5 空欄Ⅰを含《ふく》む言葉を確認《かくにん》しよう。「**千里の道も一歩から**」は「**どんな立派なことでも、はじめは手近なところから始まる**」という意味。「**悪事千里を走る**」は「**悪い行いやうわさはすぐに広まってしまう**」という意味。「**千里眼**」は「**遠く離《はな》れた場所の出来事や将来のことを見通すことができる能力**」という意味。「里」は距離《きょり》を示す単位で、「千里」で「たいへん遠い距離」を表す。

6 「とてもかなわない」という意味を表す「体の一部」を使った言葉を考える。「**歯が立たない**」という**慣用句**が正解。体の一部を表す言葉と「立つ」という言葉が含まれた慣用句には、「腕《うで》が立つ」（技術が優《すぐ》れている）、「顔が立つ」（世間体《せけんてい》を保つ、良い評判を受ける）などがあるので、混同しないように注意しよう。

7 「**足がとても疲《つか》れ**」**た状態**を表す**慣用句**を考える。「**足が棒になる**」が正解。「足」を使った慣用句は、「足がつく」（逃《に》げた足取りがわかる）、「足をのばす」（今来ている場所からさらに遠くへ行く）などたくさんあるので、用例と一緒《いっしょ》に覚えておこう。

3日目 文法1（文の組み立て・文節・係り受け）

基礎問題 解答

問題10ページ

1
(1) エ
(2) ①四　②六
(3) ①弟は、／元気に／立ち上がった。
②家の／近くに／広い／公園が／ある。
③昨日、／山田《やまだ》さんたちと／バドミントンを／した。
④父が／会社から／帰って／きたようだ。

2
(1) ①イ　②オ　③ア　④エ　⑤ウ
(2) ①エ　②カ　③ア　④オ　⑤ウ　⑥イ
(3) ①きれいに　②ノートを　③咲く　④ねこを
(4) ①ウ　②イ　③エ　④ア　⑤オ

基礎力確認テスト 解答・解説

問題12ページ

1 おいしく／食べ／られる
2 三
3 部分が
4 たよるように
5 ユリカが
6 向かっていたから
7 イ
8 ウ
9 ウ

1 単語に分けることを求められているので、言葉をそれ以上分けることのできない最小単位にまで分けることが必要。単語には「おいしく（形容詞）／食べ（動詞）／られる（助動詞）」と分けることができる。ちなみに、文節で分けた場合は、「おいしく／食べられる」となる。

2 「ふりかえる」が**複合動詞**で、一つの文節になることに注意しよう。

3 傍線部《ぼうせんぶ》が「二次的な」と体言に続く形になっていることに着目しよう。「二次的な」と組み合わせると、「二次的な部分が」と自然に文が続くので、「部分が」の文節が正解。

4 傍線部「すぐに」のあとの部分から、自然に文が続く文節を探すと「たよるように」が見つかる。「ように」は助動詞「ようだ」が活用したものなので、「たよるように」で一文節となる。「たよる／ように」と分けてとらえないように注意しよう。

5 「叫《さけ》んだ」人物は「ぼく」と「ユリカ」の二人だが、混乱しないように、丁寧《ていねい》に主語を押《お》さえながら読もう。傍線部の「叫んだ」を含《ふく》む一文の中では「ユリカが」「ぼくの」となっているので、主語を表す「が」の付く「ユリカが」が主語である。一文節で抜《ぬ》き出す指示があるので、「隣《となり》のユリカが」としないこと。

6 「わたしの関心」がどうだったかを意識して読んでいくと、「自然に対する研究が生み出した近代の科学技術が……をもたらすのかということに向かっていた」とあることが見つかる。付属語の「から」まで忘れずに抜き出すこと。

7 「きっと」は「～だろう」と呼応する副詞。「きっと→用意するのだろうし」となる**イ**が正解。**エ**「しない」と間違《まちが》えないようにする。

8 傍線部「読んでいる」は、「読んで」に、もともとの意味が薄れた「いる」が付いてひとまとまりになっている、補助の関係の連文節。

9 傍線部①の「バランス」と②の「完成度」を入れ替《か》えても文の意味が通じるので、ここは**並立《へいりつ》の関係**。

文法2（自立語）

基礎問題 解答

→ 問題14ページ

1 (1) ①連体詞 ②名詞 ③副詞 ④感動詞 ⑤形容動詞 ⑥接続詞 ⑦形容詞 ⑧動詞

2 (1) ①ア ②エ ③オ ④イ ⑤ウ
(2) ①エ ②ウ ③ア ④カ ⑤イ ⑥オ
(3) ①B ②A ③B ④A

3 (1) ①エ ②ウ ③イ ④ア
(2) ①もし・ウ ②すぐに・ア ③とても・イ
(3) ①イ ②エ ③カ ④ウ ⑤ア ⑥オ

基礎力確認テスト 解答・解説

→ 問題16ページ

1 a連用形 b音便
2 イ
3 ウ
4 ウ
5 Ⅰイ Ⅱク
6 明るく
7 連体詞
8 ウ

1 動詞の活用形のうち、「て」や「た」に続くのは**連用形**である。音便のうち「つくって」のような形を**促音便**《そくおんびん》、「えがいた」のような形を**イ音便**といい、ほかに「飛んだ」のような形の**撥音便**《はつおんびん》がある。

2 「**好きな**」は、**形容動詞の連体形**。終止形は「好きだ」となる。選択肢《せんたくし》を終止形に直してみると、**ア**「立派な」は「立派だ」、**ウ**「はるかな」は「はるかだ」、**エ**「大切な」は「大切だ」となる。**イ**の「おかしな」だけが「おかしだ」とすると不自然なので**連体詞**。形容動詞と連体詞の識別の問題は頻《ひん》出《しゅつ》するので、見分け方を覚えておこう。終止形（言い切りの形）に直してみて「～だ」という形になれば形容動詞。「～だ」という形にすると不自然なときは連体詞である。

3 選択肢となる傍線部《ぼうせんぶ》が活用できるかどうかを確認《かくにん》する。活用できるのは、**ウ**の「**大きく**」だけである。終止形に直すと「大きい」と「い」で終わるので**形容詞**。ほかの傍線部は**副詞**である。

4 「**打つ**」は、「打たない」「打ちます」「打つ」「打つとき」「打てば」「打て」と活用するので、**五段活用**。**ア**「出る」は下一段活用、**イ**「見る」は上一段活用、**エ**「する」はサ行変格活用、**オ**「来る」はカ行変格活用。**ウ**の「**走る**」は、「打つ」と同じ五段活用である。

5 「**たとえ**」は、**呼応（陳述《ちんじゅつ》・叙述《じょじゅつ》）の副詞**。呼応の副詞は、あとに決まった言い方がくる。ここの「たとえ」には、「**～ても**」という言い方がくる。Ⅱの**ク**「もし」は、「**もし～なら（たら）**」という形で呼応する。ほかにも「決して～ない」「まるで～ようだ」などがあるので、決まった形を覚えておこう。

6 「**久しい**」は**形容詞の終止形**。同じように形容詞なのは、「明るい」の連用形である「**明るく**」である。品詞の識別に迷ったときは、一度終止形に直してから確認するようにしよう。

7 「**小さな**」は**連体詞**である。形容詞の「小さい」と混同しやすいので注意しよう。「小さい」の活用形に「小さな」はない。

8 「**はたして**」は、**疑問を表す「～か」と呼応する呼応（陳述・叙述）の副詞**。選択肢の中から、「～か」を含《ふく》むものを選ぶ。

文法3（付属語）

基礎問題 解答

問題18ページ

1 (1)①イ ②ウ ③オ ④ア ⑤エ ⑥カ
(2)①○ ②× ③× ④× ⑤○
(3)①ウ ②エ ③イ (4) ア

2 (1)①暗くなったので、家に帰るよ。
②あの本は、どこに置いただろうか。
③彼《かれ》は小柄《こがら》なものの、すばらしい体力がある。
④のどが痛くて、おかゆしか食べられない。
(2)①ウ ②ア ③エ ④イ
(3)①ア ②ウ

基礎力確認テスト 解答・解説

問題20ページ

1 ア
2 ア
3 ウ
4 エ
5 ア
6 品詞名・助詞／記号・イ
7 ウ
8 ア

1 **「ない」**を識別するときは、「ない」の部分を「ぬ」に置きかえてみよう。設問文中の「ない」を「ぬ」に置きかえてみると、「食べられぬ」となり意味が通るので、**打ち消しの助動詞「ない」**と判断できる。選択肢《せんたくし》のうち、同様に「ぬ」に置きかえて意味が通るのは**ア**。**イ・エは形容詞**。**ウは形容詞「もったいない」**の一部。

2 **助動詞の「た」**には、過去、完了《かんりょう》、存続、確認《かくにん》の意味がある。傍線部《ぼうせんぶ》「間《ま》違《ちが》った」の「た」は**存続**。同じく、状態が続いている様子を表している**ア**が正解。**イ**「見たかっ」の「た」は、希望の助動詞「たい」の一部。**ウ**「寒かった」の「た」は過去の意味。**エ**「聴《き》かせたがる」の「た」は、希望の助動詞「たがる」の一部。**オ**「楽しかった」の「た」は過去の意味。

3 **副助詞「ばかり」**には程度、限定、動作が完了して間もないこと、原因・理由の強調などの意味がある。問題文の「ばかり」は**限定**。「だけ」に置きかえて意味が通るかを確認する。同様に「だけ」に置きかえられるのは**ウ**。

4 設問文中の「黒板に」の「に」は**場所を表す格助詞**。**ア**は形容動詞「豊富だ」の連用形「豊富に」の一部。**イ**は助動詞「ようだ」の連用形「ように」の一部。**ウ**「今にも」の「に」は副詞「今にも」の一部。

5 **格助詞「の」**にはたくさんのはたらきがある。「の」を「が」に置きかえられれば**主語**を表す。選択肢のうち①「雪の降り積もった」と③「時のたつのも」は、「が」に置きかえても意味が通るので、いずれも主語を表す。②は連体修飾《しゅうしょく》の「の」、④は「時のたつこと」と言いかえられるので体言の代用。

6 例文の「で」は**格助詞**。**ア**は接続助詞、**ウ**と**エ**は格助詞でいずれも助詞だが、**イ**は助動詞「だ」の連用形である。ほかに「で」の識別の問題としてよく出されるものには、「静かである」のような形容動詞の活用語尾《ごび》がある。同じ助詞でも、体言に付く「で」は格助詞、動詞の音便に付く「で」は接続助詞と判断できることも覚えておこう。

7 **副助詞の「こそ」**は強調を表す。「今こそ立ち上がろう」「あなたこそ委員長にふさわしい」などと使う。

8 副助詞「さえ」には、類推・添加《てんか》・条件の限定などの用法がある。例文のように「守りさえすれば」と「ば」を伴《ともな》うものは、条件の限定を表している。同じように「ば」を伴っている**ア**が正解。

基礎問題 解答

➡問題22ページ

1 (1) ①ウ ②ウ ③ア ④イ ⑤イ ⑥ア
(2) ア

2 (1) ①おっしゃって ②なさい ③お使いになり
④ご執筆なさった ⑤話される

3 (1) ①伺い（参り） ②ゆずっていただく ③ご連絡する

4 (1) ①おります ②存じます ③申します
(2) ①イ ②ア

5 (1) ①わかります ②ご用 ③富士山です
④ございます（あります）

基礎力確認テスト 解答・解説

➡問題24ページ

1 例 清掃していらっしゃる（清掃されている・清掃なさっている）

2 例 いただく（ちょうだいする）

3 イ

4 ①○ ②ア

5 イ

6 助言をしてくださって

7 ウ

8 ウ

---

1 「清掃している」は「地域の方々」の動作なので、**尊敬語**「いらっしゃる」を付けるとよい。「清掃されている」と尊敬の助動詞を付ける形でも正解。

2 **謙譲《けんじょう》語**は、**自分の動作をへりくだることによって相手を高める**敬語。「もらう」は自分の動作なので、謙譲の動詞「**いただく**」「**ちょうだいする**」を使う。

3 **イ**は、先生の動作として尊敬語が使われるべきところが、謙譲語の「拝見する」が使われている。**目上の立場である先生の動作には、尊敬語「ご覧になる」を使う**のが正しい。

4 傍線《ぼうせん》部《ぶ》①は、目上の立場である「校長先生」のところに行くという自分たちの動作なので、謙譲の動詞「伺《うかが》う」が正しく使われている。②は校長先生の動作なので、謙譲の動詞「伺う」ではなく「聞く」の尊敬語である**ア**の「お聞きになり」が適切。**エ**「お聞きし」は謙譲語。

5 選択肢《せんたくし》は「ご参加していただき」と「ご協力ください」の部分を挙げているので、それらが正しいかを確かめる。「ご参加していただき」は、「地域の皆《みな》さん」の動作である「参加する」に、謙譲語の「お（ご）〜する」が使われているので、誤りである。よって、**ア**と**イ**を比較《ひかく》する。**ア**の「ご参加されていただき」は尊敬の助動詞「れる」が加わり、尊敬語と謙譲語がいっしょに使われた表現になっているので誤り。**イ**は「して」がなくなり、「ご〜いただく」だけの形に直しているので正しい。

6 傍線部の中の「くれて」は先生の動作なので、尊敬語に直す。**「くれる」の尊敬語は「くださる」**。

7 傍線部がそれぞれ誰《だれ》の動作であるかを確認《かくにん》する。**ア**と**ウ**は話し手、**イ**と**エ**は「来場の皆様《みなさま》」の動作である。**ア**「なさる」は尊敬語なので話し手の動作に使うのは誤り。**イ**「いただく」**ウ**「お〜する」**エ**「参る」は謙譲語であるが、「来場の皆様」の動作に使っている**イ**と**エ**は誤り。**ウ**は正しく使われている。

8 ここで使われている**補助動詞「ございます」は丁寧《ていねい》語の一つ**。文末に使われる丁寧語「です」「ます」とともに覚えておこう。

7日目 読解1（論説文①）

基礎問題 解答

↓問題26ページ

1 アしんけつ　イ特化　ウ着眼　エちゅうしゅつ
2 ①ア　②エ　③オ
3 aゼロテクノロジー　b膨大なエネルギーとコストがかかる
4 Ⅳ
5 エ

基礎力確認テスト 解答・解説

↓問題28ページ

1 イ
2 手本と同じ ～ デメリット
3 例 周囲の条件の変化に合わせて作法や型を変えていく（23字）
4 ア
5 エ

1 空欄《くうらん》直前の内容から、選択肢《せんたくし》中の「それ」が指すものは「手本」であるとわかる。**選択肢に指示語が含《ふく》まれる場合は、まずその指示内容を明らかにしておくとよい。**したがって、空欄Aに入る内容は〝手本をどのようにするか〟というものであることがわかる。直後に「これがまさに『守』です」とあることから、「守」について述べた部分を探すと、
・「守」は決まった作法や型を守る段階
・決められていることを生真面目《きまじめ》に守るこの（＝「守」の）段階
などが見つかる。これらの内容を言い換《か》えたものは、**イ**である。

2 傍線部《ぼうせんぶ》①を含む段落とその前後の第二～四段落は、「守」の内容を説明した段落であり「自分の土台をつくる」も「守」の段階の説明である。「ところで」という話題の転換《てんかん》を示す接続語で始まる第五段落以降は、「守」の次の段階である「破」について述べられている。このように**段落冒頭《ぼうとう》の接続語に着目すると、本文を詳細《しょうさい》に読む範囲《はんい》を絞《しぼ》ることができる。**設問にある「理解」という語を手がかりに、第二～四段落を見ていくと、第四段落に「手本と同じようにやることの意義や、手本から外れたときに生じるデメリットが理解できるようになります」という表現が見つかる。ここから、はじめの「**手本と同じ**」と終わりの「**デメリット**」を抜《ぬ》き出す。

3 傍線部②には「このような」という指示語が含まれているので、傍線部以前の内容を「試行錯誤《しこうさくご》」や「試み」という語を手がかりに見ていく。**指示語の指す内容はそれ以前にあることが多い。**第七段落にも「このときの試行錯誤」という語があるが、「このとき」とは、直前の内容から「破」の段階の「作法や型を手に入れて、そこからさらに出ようと意識して行動」するときであるとわかる。しかし、この内容は設問ですでに示されている内容と同じであるので、「破」について述べられた、第五～九段落の中から「試み」と言える別の内容を探すと、第九段落に〝時代の変化にともなって生じた周囲の条件の変化に合わせて作法や型を変えていく〟という内容がある。この内容を設問条件に合う字数にまとめる。

4 「離《り》」の段階がどのようなものかは、第一段落で「作法や型を離《はな》れて独自の世界を開く段階」、最終段落で「これまでとはまったく別のものを自分の力で新たに生み出すこと」と述べられている。また、本文全体の内容から、「離」の段階に到達《とうたつ》する人は、「守」と「破」の段階を経ていなければならない。**文章の一部分の内容を問う設問であっても、文章全体の内容に反するものは正解とはならない**ので、この二つの内容を満たす選択肢を選ぶ。正解は**ア**。
イと**エ**は「守」の段階であり、**ウ**は「守」と「破」の段階を経ていない。

5 この文章では、第一段落で「守・破・離」という文章全体の話題を提示し、第二～四段落で「守」、第五～九段落で「破」、最終の第十段落で「離」について詳《くわ》しく説明するという構成になっている。この文章構成を示した選択肢は**エ**。

読解2（論説文②）

基礎問題 解答

問題30ページ

1 ア ばんにん　イ 費　ウ 付与　エ 故人
2 ④
3 ⑤ウ　⑥オ
4 自分の人生を精一杯生き抜いた
5 エ

基礎力確認テスト 解答・解説

問題32ページ

1 ⓐ人に受け入れてもらえるようなもの（16字）
ⓑオリジナリティを与える（11字）
ⓒウ
2 イ

1 この文章は曲作りにおける「論理的思考（論理性）」と「感覚的なひらめき（感性・直感）」の重要性と、この二つのかかわりについて述べたものである。この文章の構成を確認《かくにん》すると、第六～八段落で「論理的思考」について、第九～十一段落で「感覚的なひらめき」について述べられ、最終段落がまとめとなっている。空欄《くうらん》ⓐは「論理的思考」についてなので第六～八段落と最終段落を、空欄ⓑは「感覚的なひらめき」についてなので第九段落から最終段落までを詳《くわ》しく見ていこう。

空欄ⓐは、前後の部分を読むと「論理的な思考がなければ」「つくることができ」ないものであり、「一定の水準に達するもの」と同等のものである。問題文を見ると、「一定の水準に達するもの」は第八段落にある「あるレベルに達するもの」のことを述べているとわかる。問題文中から同じように「論理的な思考がなければ」つくることができないものについて述べている部分を探すと、最終段落にある「人に受け入れてもらえるようなもの」が見つかり、字数も合うのでここを抜《ぬ》き出す。

空欄ⓑについては、「感覚的なひらめきがなければ」できないことについて述べている部分を探す。第九段落にある「創作にオリジナリティを与《あた》える」や第十段落にある「作品をどれだけ素晴《すば》らしいものにできるか、よりクリエイティブなものにできるか」という部分が見つかるが、設問の空欄に合う「オリジナリティを与える」を抜き出す。

空欄ⓒについては、設問にある「成り立たせるもの」という表現を手がかりに文章の内容を確認していくと、
・論理的思考の基《もと》になるものが、自分の中にある知識や体験などの集積
・直感を磨《みが》いているのも、実は自分の過去の体験
とあり、両者とも〝過去の知識や体験などの蓄積《ちくせき》〟によって成り立っているとわかる。この内容にあう選択肢《せんたくし》は**ウ**。

2 選択肢はすべて「論理性」と「直感」のどちらのどういった点を重視するのか、といった内容になっている。**1**で見たように、筆者は「論理的思考（論理性）」と「感覚的なひらめき（感性・直感）」の双方《そうほう》が、曲作りにおいて重要だと考えている。これを踏《ふ》まえて選択肢を検討すると、正解は**イ**。**ア**は「論理性」のみを重視している点が不適切。**ウ**は「直感が意識から削《そ》ぎ落とされた」が、直感が大事だとする筆者の考えに反していて不適切。**エ**は「直感」のみを重視している点が不適切。

9日目 読解3（小説①）

基礎問題 解答

➡問題34ページ

1 ア志し　イ枝　ウるす

2 A郷里　B窓の開く

3 誰もいない

4 ウ

基礎力確認テスト 解答・解説

➡問題36ページ

1 イ

2 例（親に内緒《ないしょ》で作家の家を訪《おとず》れ）島の子どもたちに合った脚本を作ってもらう依頼をしたこと。（28字）

3 例劇をする子どもの人数の違い。

4 子どもは絶対に戻ってくる

1「自分たち」が指しているものを明らかにするために、まずは、**場面と登場人物の関係を、前書きの部分も踏《ふ》まえて確認《かくにん》**しておこう。

（登場人物）
・朱里《あかり》と衣花《きぬか》…過去に火山の噴火《ふんか》があった過疎《かそ》の島に暮らす高校二年生。
・朱里の祖母と碧子《あおこ》…友人。火山の噴火によって、避難《ひなん》生活をしていた。島に戻《もど》ってきた当時は中学生だった。
・小湊《こみなと》先生…碧子が（大人になってから）勤めていた大阪の小学校の教員。
・ウエノ先生…朱里の祖母と碧子が劇の脚本《きゃくほん》を依頼《いらい》した作家。

（場面）
「朱里と衣花」が「小湊先生」を訪ね、「朱里の祖母の友人碧子」と「ウエノ先生」とのエピソードを聞いている。

①の「自分たち」は、前に「想像してみると」、直後に「やらされたなら」とあるので、過去のエピソードを聞いている「朱里たち」である。②の「自分たち」は、一人何役もこなして劇をしている後輩《こうはい》を見ている「朱里の祖母や碧子先生」のことである。

2 朱里が「楽しかったんだろうな」という感想を持ったのは、祖母と碧子による「子どもだけで、友達と冒険《ぼうけん》」したこと。その冒険とは、「本土に避難している間に知り合ったウエノ先生の家を、親にも内緒でいきなり訪ねた」こと。この内容は設問に既《すで》に提示されているので、解答は〝何のためにウエノ先生のところを訪ねたのか〟をまとめるとよいとわかる。さらに前を確認すると、「新しい、少人数でもできるものを書いてもらおう」と思っての行動であると述べられている。少人数とは「島の子どもたち」のこと。

3「二十パターン」の内容は、直前に「子どもが一人でもできる一人芝居《しばい》のものから、二十人用、と書かれたものまで全部で」とある。今は三人しかいなくても、将来、子どもが島に戻ってくると確信しているウエノ先生は、子どもが増えても使える脚本を「子どもの人数の違《ちが》い」に応じて様々に用意したのである。

4 言葉を「嚙《か》みしめる」とは、「言葉の味わいや意味を十分に感じ取る」という意味。そのような行為《こうい》に値《あたい》する言葉は、碧子にとって「励《はげ》ましと、祈《いの》りの言葉のように」感じられた、ウエノ先生の言葉である。直前のウエノ先生の言葉の中から、そのような内容と設問の条件に合う部分を探すと「子どもは絶対に戻ってくる」の部分が見つかる。朱里と衣花が暮らす島は、現在過疎の状態にある。かつて火山の噴火によって島の人口が減った時の状況《じょうきょう》と、現在の自分たちが置かれている状況を重ね合わせて、この言葉を嚙みしめているのである。

読解4（小説②）

基礎問題 解答

➡問題38ページ

1 A大好きな友だち　Bいなくなっても、さびしくない
2 ウ
3 エ

基礎力確認テスト 解答・解説

➡問題40ページ

1 愛想のいい
2 ウ
3 イ

1 「優《やさ》しくされた」というのであるから、誰《だれ》か他人との交流を描《えが》いた場面に着目して探していこう。傍線部《ぼうせんぶ》①以降では、

・ほおずきを売っている花屋のおばさんと交流する場面
・財布《さいふ》の拾い主である藤原《ふじわら》さんと交流する場面

の二つがあるが、前者の花屋のおばさんとの交流場面にある「愛想のいい店のおばさんが、『少しおまけしときますね』と言いながら、一本余分に持たせてくれた。」に着目。おまけというおばさんの行為《こうい》は、夏代にとって「優しくされた」と感じるものであったと考えられる。

2 **小説中の表現は、登場人物の心情と密接に関わっている。**話の流れを押《お》さえながら、傍線部が夏代のどんな心情を表現しているのかを考えよう。

お巡《まわ》りさんから財布を拾ってくれた人の連絡《れんらく》先を書いた紙切れを受け取ったあと、「夏代は久しぶりに、ほんとうに久しぶりに明るい気持ちになっていた」とある。また、ほおずきは「明るいオレンジ色」をしており、夏代はこれを、財布を拾ってくれた藤原さんに感謝の気持ちを伝えるために買ったのである。以上を踏《ふ》まえると、**イ**は、「ほおずきの華《はな》やかさがお礼の気持ちを表すのにとてもふさわしい」とあるが、夏代がほおずきを買ったのは明るい気持ちになっていたときに明るい色のオレンジが目についたからであり、華やかさがお礼にふさわしいと考えたわけではない。**エ**は「心と心の触《ふ》れ合いを象徴《しょうちょう》するほおずきの束」が、本文中からは読み取れない内容。残る**ア**と**ウ**は迷うが、傍線部の「花束のように」という表現に注目すると、**ア**「落とさないように」よりも**ウ**「大切にする」気持ちがよりよく表れている。さらに「明るい気持ち」「感謝」が夏代の心情を正しく表しているので、**ウ**が正解。

3 財布を拾ってくれた藤原さんにお礼の気持ちを伝え終えて坂道を走ったあと、体も心も軽く感じているという場面である。そのように感じている理由は、直前の「そう思ってしたことでなくとも、優しさとか善意とかいうものは確かに人間を救うことがある」に表されている。藤原さんや花屋のおばさん、お巡りさんらの優しさや善意に触れ、夏代は救われた気持ちになっているのである。**ア**は「夏の風に吹《ふ》かれて」が誤り。心が軽くなったきっかけは、夏の風ではない。**イ**は「優しさに触れて」という部分が、心が軽くなった理由として適切。「軽くなったような気がした」という表現からは、落ち込《こ》んだ気持ちから抜《ぬ》け出そうとしている様子が読み取れるので、「きっかけをつかむことができた」という説明も合っている。よってこれが正解。**ウ**と**エ**は「感謝の思いを人に伝えられない寂《さび》しさ」「優しさを人に素直《すなお》に伝えられないでいる愚《おろ》かさ」がそれぞれ誤り。

11日目 読解5（古文・漢文①）

基礎問題 解答

➡問題42ページ

1 アかかく　イひょうはくのおもい　ウきゅうすゆる

2 エ

3 の

4 形式・五言絶句／表現技法・ア

5 三

6 不レ覚　到二　君　家一

現代語訳〈古文〉 月日は百代もの時間を旅していく旅人のようなものであって、過ぎ去っていく年もまた旅人である。（船頭のように）船の上で一生を過ごし、（馬子《まご》のように）馬のくつわを引いて老いていく者は、その日その日が旅であり、旅を住まいとしている。昔の人々も旅の途中《とちゅう》で死んだ人が多い。

私もいつのころからだろうか、ちぎれ雲が風に誘《さそ》われるように、漂泊《ひょうはく》の旅への思いがおさまらず、海浜《かいひん》をさすらい、去年の秋に、隅田川《すみだがわ》のほとりのあばら家に（帰り）蜘蛛《くも》の巣をはらい、（しばらく落ち着いたが、）やがて年も暮れ、霞《かすみ》がかった春の空を見て、白河《しらかわ》の関を越《こ》えようと、（人の心をそわそわさせるという）そぞろ神がとりついたかのように心が騒《さわ》ぎ、道祖神の招きにあって、取るものも手につかず、ももひきの破れを繕《つくろ》い、笠《かさ》の緒《お》を付けかえて、三里のつぼに灸《きゅう》をすえ（て旅支度《たびじたく》をす）るそばから、松島《まつしま》の月がまず心に浮《う》かび、住んでいる家を人に譲《ゆず》って、（旅立ちまで）杉風《さんぷう》の別宅に移るときに、

草庵《そうあん》も新しい住人が住み、雛《ひな》が飾《かざ》られるような家となるのだなあ

とこの句を発句《ほっく》にした表八句を詠《よ》んで庵《いおり》の柱に掛けておいた。

現代語訳〈漢詩〉 あちらの川を渡《わた》り、またこちらの川を渡り／あちらの花をながめ、またこちらの花をながめる。／春風に吹《ふ》かれながら川沿いの道を進んで行くと／いつのまにかあなたの家にたどりついてしまった。

基礎力確認テスト 解答・解説

➡問題44ページ

1
(1) いいやり
(2) なんだ
(3) イ
(4) 1 例 僧を待たずに、食事を済ませた（14字）
2 例 食事の意味の「斎」と時間の意味の「時」をかけて、「とき人をまたず」（33字）

2
(1) ア
(2) ウ
(3) エ

1
(1) **語頭と助詞以外の「は・ひ・ふ・へ・ほ」は、「わ・い・う・え・お」に直す**こと。「ひ」を「い」と読む。

(2) 言葉の終わりを探すときは、**引用であることを示す「と」を探す**。傍線《ぼうせん》部《ぶ》①「以前は」からあとの部分を見ていくと、「と恨《うら》みければ」とある。この「と」の直前までが会話の部分。書物を貸してくれなかった僧《そう》に後日会ったときに、亭主《ていしゅ》が言った言葉であり、「先日は貸してもいい物を、貸してくれなかったな」と言っているのである。

(3) 「必ず」は現代語と同じ意味。「ゆかん」は「行かない」という意味ではないので注意する。「ゆかん」の「ん」は、打ち消しの意味の「ん（ぬ）」ではなく、意志の意味の「ん（む）」。

(4) 1 には、話の前半を説明した［　］内の「貸さなかった」に対応する、

亭主がしたことがあてはまる。亭主は、暗いうちから起きて朝食を用意し、僧が来る前にさっさと食事を済ませている。**2**は、亭主がどのような二つの言葉をかけて、何と言ったのかをまとめる。まず、僧の「しゃれ」で使われている「廣韻《こういん》」（書物の名前）と、「光陰《こういん》」（時間）にあたる、亭主の「しゃれ」に使われている言葉を、亭主の話した言葉から探す。僧を食事に誘《さそ》ったときの言葉「斎《とき》を申さん」と、食事を出さなかった理由を述べたときの言葉「とき人をまたず」から、「斎」（食事）と「とき」（時）であることがわかる。「斎」と「時」をかけて「とき人をまたず」と言ったのである。［　　］内のように、「斎」と「時」それぞれの言葉の意味も添《そ》えて答えること。

現代語訳 かつて寺で修行《しゅぎょう》した仲間の僧のもとに、（亭主が）「廣韻をちょっとお貸し下さい」と使いをやると、（僧は）「こちらでも使う」と言って貸さない。（二人が）後日会ったときに、「先日は貸してもいい物を、貸してくれなかったな」と恨み言を言ったところ、時間は惜《お》しむべきだと言う。

（廣韻を）借りようとした亭主はこれを恨んで、もう一度以前「廣韻」を貸し惜しんだ僧へ、「明朝食事をごちそうしよう」と使いをやった。（僧は）きっと行きますという返事をしてきた。亭主は暗いうちから起きて朝食を急いで用意し、家の中で仕えている者にもさっさと（朝食を）食べさせて、台所やそのほかを掃除《そうじ》しきれいにしておいた。例の（ごちそうを振《ふ》る舞《ま》われるはずの）僧が来ていつまで待っても、いっこうに飯を持ってくる気配がない。「どうして料理が遅《おそ》いのか」（と言うと）「ときは人を待たないと言うので、すでに早く食事を済ませたよ」（と言った。）

2 (1) 漢詩には、四句からなる「絶句」と、八句からなる「律詩」がある。さらに、一句が五文字からなるものを「五言」、七文字からなるものを「七言」という。この漢詩は四句からなり、一句の文字数が五文字なので、「五言絶句」である。

(2)「月」から「争」に、二字返って読むので、「一・二点」を用いる。「月」に「一点」、「争」に「二点」を補っている**ウ**が正解。

(3) **ア**は「激しい秋風」が誤り。そのような内容は詠《よ》まれていない。**イ**は「秋風を待つことなく……着いてしまった」が誤り。第三・四句で詠まれているのは「秋風が旅人を待たずに先に洛陽《らくよう》に着いた（＝旅人が着く前に洛陽に秋風が吹《ふ》き始めた）」という内容である。**ウ**は「帰りたくなかった」とあるが、この漢詩では、あらかじめ決めておいた予定よりも遅《おく》れてしまった旅人の、早く洛陽に戻《もど》りたいという気持ちが詠まれているので誤り。正解は**エ**。

現代語訳 蜀道《しょくどう》にて期に後《おく》る（蜀道で帰る予定に遅れてしまった）

旅人（である私）の心が月日の流れと速さを競《きそ》うかのようにせきたてられるのは、

あらかじめ往復の日程を決めておいたからなのだ。

秋風は私を待ってはくれずに、

先に洛陽の町へとたどり着いてしまった。

読解6（古文・漢文②）

基礎問題　解答

問題46ページ

1 ア僧　イ人

2 七十四〔七四〕（歳《さい》）

3 例人に若く見られたい（という思い。）（9字）

4 イ

5 許由〔由〕（が）水（を飲むことができた。）

6 エ

現代語訳〈古文〉 武蔵《むさし》の国に西王《さいおう》の阿闍梨《あじゃり》という僧《そう》がいた。「お年は、いくつにおなりですか」と、人が尋《たず》ねたところ、「六十には余ります（＝六十歳を超《こ》えています）」と言うが、七十歳以上に見えたので、疑わしく思えて、「六十には、どれほど余っておいでか」と尋ねると、「十四余っております」と言った。余りすぎであった。七十と言うのよりも、六十と言うと、少し若い気分がして、こう答えたのだった。人の心の常である（＝人間誰《だれ》もが持っている思いである）。

お世辞でも、「お年よりも、ずっと若くお見えになります」と（人が）言うのは嬉《うれ》しく、「ひどく年老いてお見えになるな」と（人が）言うと、心さびしく残念なのは、誰しも同じである。

現代語訳〈漢文〉 許由《きょゆう》は、世間を避《さ》けて箕山《きざん》に隠《かく》れ暮らしていた。水を汲《く》む入れ物を持っていないので、手で水をすくって飲んだ。ある人が見かねて、水を入れる瓢簞《ひょうたん》を一つ贈《おく》った。彼《かれ》（＝許由）はこれ（＝瓢簞）で水を汲み、飲むことができた。飲み終わって、それを木の上に掛《か》けておいたところ、風が吹《ふ》いてころころという音を立てた。許由はうるさいと思い、すぐにそのまま、それ（＝瓢簞）を捨てた。

基礎力確認テスト　解答・解説

問題48ページ

1 (1) ウ

(2) エ

(3) 例銀貨が三包入った袋の持ち主を長時間探して、拾ったときのまま返したこと。（35字）

(4) イ

2 (1) 父母之邦

(2) エ

(3) イ

1 (1) ア・イ・エの主語は、雪の降り積もる朝に用事があって出かけ、銀貨の入った袋《ふくろ》を見つけてその持ち主を探している「島原屋市左衛門《しまばらやいちざえもん》」。ウだけは、「旅人のもの失ひたまへるなどやある」とあるので、袋を失った「旅人」である。

(2) 直前に「やがてぞ尋ね来なまし」とあることに着目する。ここでの「やがて」は「すぐに」という意味。現代語と意味が異なるので注意する。

(3) 市左衛門がどのように行動したかを傍線部《ぼうせんぶ》②より前で確認《かくにん》する。ポイントは、「雪降り積もれる朝」に拾った袋の持ち主に「その日の夕つかた」にめぐり会ったことと、「さきの袋のままにて返しはべりぬ」という点。市左衛門は、長い時間、袋の持ち主を探し続け、さらに、持ち主が判明したあと、袋をそのまま返している。このような行動が「有り難《がた》きこと」なのである。

(4) 傍線部③の直前の「その銀を分かちて報《むく》ひしかど曾《かつ》て取りあぐる事もせねば」に着目して、市左衛門が銀貨を受け取らなかったことをとらえる。

現代語訳 浜《はま》の町というところに、島原屋市左衛門とかいった者がいた。十二月初め、雪が降り積もった朝、用事があって朝早く出かけ、浜辺《はまべ》にある道を行くと、雪の間に奇妙《きみょう》な物が見えたので、立ち寄って引き上げたところ、非常に重い袋で、中に銀貨の大きいものが三包みほどと思われるものがあった。（市左衛門は）おどろいて、きっと持ち主がいるはずなので、すぐに探しにやって来るのではないかと、その場所を離《はな》れないで二時〔およそ四時間〕ほど待っていたけれど探しに来る人もいないので、きっと旅人が落としたのだろうと、あちこちの町くだりや、旅人が泊《と》まっている一軒一軒の宿を尋ね歩いて、旅人でものをなくしなさった（人）などがいませんかと会う人ごとに尋ねたところ、その日の夕方、ようやく持ち主にめぐりあった。（事情を）始めから終わりまで詳《くわ》しく質問して聞いたところ本当の持ち主だったので、先ほど拾った袋のまま返しました。この持ち主は喜び拝んで、「私は薩摩国《さつまのくに》で、（私に使いを）頼《たの》んだ人が様々なものを買い求めさせる目的で、私を派《は》遣《けん》したのに、もしこの銀貨がなかったら、私の命はあっただろうか（、いや、なかっただろう）。ほんとうにありがたいことでございますなあ。」と、その銀貨を分け与《あた》えて（拾ってくれた恩に）報《むく》いたかったが（市左衛門は）決して（その銀貨を）取り上げることもしないので、（持ち主は）しかたなく酒と肴《さかな》を準備して心を込《こ》めて敬いもてなしをして帰った。

2 (1) 解説文を参考に、柳下恵《りゅうかけい》の状況《じょうきょう》を確認しよう。

・柳下恵は裁判官になったが、度々免職《たびたびめんしょく》された。

・「（何度も免職されるのに）まだこの国を去ろうとしないのか」とある人が尋《たず》ねた。

・柳下恵は「どこの国に行っても、信念を曲げれば官職につくことはできる（＝信念を曲げてまで官職にはつきたくない）。わざわざ祖国を去る必要があろうか」と答えた。

ある人が「去らないのか」と言っているのは柳下恵の「祖国」であり、漢文中の言葉では「父母之邦《のくに》」がそれにあたる。

(2) 書き下し文と解説文を照合して考えよう。

・道を直《なお》くして人に事《つか》ふれば、焉《いづ》くに往《ゆ》くとして三たび黜《しりぞ》けられざらん。

・［a］君主に仕えるならば、今の世の中では、どこの国に行っても度々免職される。

空欄《くうらん》aに入るのは、「道を直くして」にあたる内容だとわかる。さらにこの部分は、次の「もし信念を曲げて君主に仕えるとするならば、どこの国に行っても官職につくことができる。」と対比的な内容になっているので、「道を直くして」は「信念を曲げて」と逆の内容になることがわかる。この内容に合うのは、**エ**の「正しい道理に従って」。

(3) ここまで確認してきたように、柳下恵は信念を曲げず、何度免職されても祖国に仕えたいと考えているのである。これを踏《ふ》まえて選択肢《せんたくし》を検討しよう。**ア**は「恥《はじ》を忍《しの》んで人に仕える生き方を選ぶ」が誤り。**ウ**は「官職につくことを無駄《むだ》だと考える」が誤り。**エ**は「信念を曲げて人に仕える生き方を選ぶ」が誤り。**イ**は本文の内容と合致《がっち》しており、正解は**イ**。

現代語訳 柳下恵は、裁判官となったが、三度も免職された。ある人が言うには、「あなたはまだ（この国を）去ろうとしないのか。」と。（柳下恵が）言うには、「正しい道理に従って君主に仕えるならば、どこに行っても三度は免職されるだろう。信念を曲げて君主に仕えるとするならば、どうしてわざわざ祖国を去る必要があろうか。」と。

13日目

読解7（詩・短歌・俳句）

基礎問題 解答

↓問題50ページ

1 イ
2 ウ
3 B
4 A
5 C
6 や
7 C
8 B

大意〈短歌〉

A　やわらかく柳《やなぎ》の葉が青く色づいた北上川《きたかみ》の岸辺の風景が、まるで目に見えるようだ。（私の望郷の思いを誘《さそ》って）泣けと言っているかのように。　石川啄木《いしかわたくぼく》

B　その子（＝作者自身）の年ごろは二十歳《はたち》、櫛《くし》でとけば黒髪《くろかみ》はつややかに流れ、誇《ほこ》らしさにあふれた青春のなんと美しいことよ。　与謝野晶子《よさのあきこ》

C　（あの）白い鳥は、悲しくはないのだろうか。空の青色にも、（空の色とは異なる）海の青色にも染まることなく、ただ（孤独《こどく》に）ゆらゆらと漂《ただよ》って飛んでいるよ。　若山牧水《わかやまぼくすい》

D　鮮《あざ》やかな赤色をしたばらの芽が、二尺（＝約六十センチメートル）伸《の》びている。その新芽のやわらかいとげに、春の雨がやさしく降っている。　正岡子規《まさおかしき》

大意〈俳句〉

A　空に輝《かがや》く名月。池にもその姿が映っていて、あまりの美しさに池の周りをぐるぐると歩き回っていたら、一晩中そうして過ごしてしまったよ。　松尾芭蕉《まつおばしょう》

B　（のどかな田園に）菜の花が一面に広がっている。夕暮れが近づき、ゆっくりと月は東にのぼり、日は西に沈《しず》もうとしている。　与謝蕪村《よさぶそん》

C　激しい音をたてて吹《ふ》き荒れる冬の木枯《こが》らし。終わりのないような木枯らしにも、果てはあったのだ。この海の音を聞くと（ここが木枯らしの果てだとわかる）。　池西言水《いけにしごんすい》

D　（私の住む貧しい路地裏の家に）涼風《りょうふう》はやっとのことで曲がりくねって吹いてきたよ。　小林一茶《こばやしいっさ》

基礎力確認テスト 解答・解説

↓問題52ページ

1 (1) **イ**　(2) **ア**
2 **エ**
3 (1) **D**　(2) **A**　(3) ①**吹き割る**　②**ウ**

1 (1) 直前の「大空への思慕《しぼ》がうめきながら」から、作者が「わき上がる思い」と「息苦しさ」を感じていることが読み取れる。よって**イ**が正解。**ア**は「不本意な現状」であるかどうかは詩からは読み取れない。**ウ**は「大きな不

安」を抱《かか》えている表現は詩の中にはない。むしろ前進を望むような前向きな感情が読み取れる。**エ**は「呼吸を忙《いそが》しく」という表現からは「深呼吸」ではなく浅く荒い息づかいが感じられるので誤り。

(2) 第一連では、「空をさしている大樹」の様子が実景として描《えが》かれている。その「大樹」が、第三連では作者の「心の中」のものとして表現されているので、**ア**が適切。**イ**は、心情の変化が読み取れる詩ではないので誤り。**ウ**は、句点が使われてはいるが、詩の中では一貫《いっかん》して「大樹」のイメージが描かれており、それぞれが独立してはいないので誤り。**エ**は、第三連は「心の中」のことを描いており、「写実的」ではないので誤り。

2 **ア**は「虫かごの中で元気をなくした夏の虫たち」「か弱い感じ」が逃《に》げていく虫たちの描写《びょうしゃ》と合っていないので誤り。**イ**は「草むらを元気よく跳《は》ね回る様子」が具体的に書かれている部分はないので誤り。**ウ**は「多くの虫を連想させる『十方』の語」とあるが、「十方」は「あらゆる方向」を意味するので誤り。**エ**は「**したたるみどり**」の部分について、**虫が逃げていく様子を「緑の水」にたとえている**と示しているので正解。

大意 出口を開け放った虫かごから、さまざまな虫たちがあらゆる方向に逃げていき、まるで緑の水がしたたり出ているかのようだよ。　玉井清弘《たまいきよひろ》

3 (1) Dの句の「何か急《せ》かるゝ」が「漠然《ばくぜん》としたあせり」の表現である。「何ならむ（何なのだろうか）」が、そのあせりを感じての「つぶやくような自分自身への問いかけ」になっている。

(2) 句の中に「切れ字」が用いられているのは、A「木がらしや」とB「鳴りにけり」とC「元旦《がんたん》や」の三句だが、「冷たく乾《かわ》いた風」に合うのはAの「木がらし」。また、「眼前の小さなもの」「色彩《しきさい》のイメージ」は、Aの「目刺《めざし》にのこる海のいろ」に合っている。

(3) 「垂直に流れ落ちる水」と「力強い風」から、「滝《たき》」と「風」を詠《よ》み込んでいるEの句の鑑賞文《かんしょうぶん》だとわかる。①は、俳句の中で「風」が吹《ふ》く様子をどのように表しているかをとらえる。②は、「必要な風力は増すことになり」から、Ⅱには力強さを表す言葉が入ることがわかる。Ⅲは、**ウ**の「本来の時の流れから解放されたもの」が、俳句の中の「未来より」や、鑑賞文の「未来からの風」に合致《がっち》している。

大意

A 冷たい木枯《こが》らしが吹いていることだ。これから焼こうとしている目刺には、かつてこの魚がすんでいた海の色が残っている。　芥川龍之介《あくたがわりゅうのすけ》

B まだ軒先《のきさき》につるしてある鉄の風鈴が秋の風に吹かれて鳴っていることだ。　飯田蛇笏《いいだだこつ》

C まだ空は明るくなっていない一月一日の朝である。黒い空から今年一年を予感させるような風が吹いている。　青木月斗《あおきげっと》

D 萩《はぎ》に秋の風が吹いている。何か急かれるような思いがする。だが何であるか思い出せない。　水原秋櫻子《みずはらしゅうおうし》

E 時間を超《こ》えて未来の世界から滝を真っ二つに割るような力強い風が吹いてくる。　夏石番矢《なついしばんや》

F 夏の嵐《あらし》が窓から部屋の中にさっと吹き込み、机の上の白い紙が飛び散ったことだ。　正岡子規《まさおかしき》

基礎問題 解答

→問題54ページ

1 例

私は、けがをしてしばらく入院したことがある。そのとき、父がかけてくれた言葉が「試練は越えられる者だけに与えられる」というものだ。私は、みんなからどんどん勉強が遅れてしまうと真っ暗な気持ちになっていたが、この言葉のおかげで入院中も少しずつ勉強を進め、学期末のテストではいつも通りの成績をとることができた。今でも、この言葉にはときどき勇気をもらっている。(175字)

2 例

私は、厳しい練習を行うという立場を選びます。なぜなら、目標のない活動は、心に残らないことになりかねないからです。私はテニス部に所属していますが、秋季大会の前はあまりの練習量にやめることも考えました。しかしその練習を乗り越えたからこそ、試合に自信を持ってのぞむことができ、その試合は一年たった今でも鮮やかに心に残っています。中学時代をすばらしい思い出にするために、やりがいのある活動がよいと思います。(199字)

基礎力確認テスト 解答・解説

→問題56ページ

1 例

グラフからは、社会に役立つ活動について、どのような活動をしてよいかわからない若者が一定数いることが分かる。私も、学校でインクカートリッジの回収を行っていたとき、それがどのように社会の役に立つのかわからなかった経験がある。そのとき、自分の社会に関する知識の浅さを痛切に感じた。まずは、実際に行われている活動を広く若者に知らせる場を設けることが必要だと考える。(178字)

2 例

昨年の夏休み中に友達が交通事故で両足を骨折し、友達は二学期から車椅子で登校することになった。初めはお母さんが仕事を休んで一日中付き添っていたが、休み時間や昼休みの世話は、その時手の空いているクラスメイトが行うことにし、力を合わせて一緒に受験を迎えることができた。ひとりの力は限られたものだが、多くの人の思いやりがつながれば大きな力になることを知った。(175字)

3 例 (選んだスローガン) ウ

例 ウは五・七・五の音でリズムがよくて、誰にでも覚えやすいと思う。アやイからは体育大会に向けての意気込みや思いが伝わってくるが、「笑顔」という言葉からはみんなが楽しめる体育大会が具体的に目に浮かぶ。思い出に残るかけがえのない体育大会を印象づけるためには、ウが最も適していると思う。(138字)

1 帯グラフの読み取りが条件となっている**条件作文**である。グラフに示されている内容を、正しく読み取ることが重要である。読み取れる内容としては、①社会に役立つ活動のうち、体育・スポーツ・文化に関する活動をしたいと思っている人が多い、②社会に役立つ活動をしたいと思っているが、実際はしていない人が多い、③自分のしたい活動がわからない人がいる、などのことが挙げられる。ほかにも、グラフの内容から外れていない読み取りならばよいが、グラフの項目《こうもく》と関係のないことは書かないようにしよう。解答例では、③の自分のしたい活動がわからない人がいる、ということに着目している。

また、設問文に「あなたが考えたことを、あなたが体験したことや学んだことなど、身近なところにある事柄《ことがら》と関連させて」とあるので、自分の体験や身近な事柄に触《ふ》れなければならない。体験が思い浮《う》かばない場合は、新聞やテレビで見たこと、身近な人から聞いた話などでもかまわないので必ず盛り込《こ》もう。解答例では、学校でのインクカートリッジの回収という体験と関連づけて書いている。普段《ふだん》の生活の中で、疑問を持ったこと、気になることなどを意識して心にとどめておくことも重要だろう。

注意しなければならないのは、〔条件〕に「一マス目から書き始め、段落は設けないこと。」とあること。原稿用紙《げんこうようし》の使い方の基本とは異なるが、用紙の最初の一マス目を空けないようにしよう。また、不要な改行はしないようにしよう。

2 **課題作文**では、自分の考え方が明らかにされているかが評価の一つになる。示された標語の内容を踏《ふ》まえて、自分の考えを明らかにしよう。ポイントは「思いやり」と、それを「つなげる」ということ。「思いやり」についての話題だけでなく、それをつないだことによってどんな状況《じょうきょう》が生まれ、どのような考えを持ったかを書こう。また、「あなたが考えたことを、あなたが体験したことや学んだことなど、身近なところにある事柄と関連させて」とあるので、身近な「思いやり」を「つなげた」例を探して関連させて書こう。条件にしがたって書くことも忘れないこと。

3 体育大会のスローガンの選択《せんたく》が条件となっている**条件作文**である。まずは三つのスローガンを比べてみて、違《ちが》いをとらえることが重要。その違いを文章中に盛り込むと、自分が選んだスローガンのよさを引き立てることができる。ここでは、**ア**はすべてひらがなで柔《やわ》らかいイメージであること、**イ**はすべて漢字の熟語で力強いイメージであること、**ウ**は五・七・五の音数でリズムがよく標語のようなものであること、などが挙げられる。解答例では、リズムのよさのほかに「笑顔《えがお》」という言葉にも着目して、その効果を書いている。「あなたの考えを」とあるので、スローガンの比較《ひかく》にとどまらず自分の考えを伝えるように書くこと。書き終えたら、正しい原稿用紙の使い方になっているかを確認《かくにん》しよう。

第1回　3年間の総復習テスト

58ページ

解答

1 (1) ア
(2) 例 トムとハックが相手の本棚の中で並ぶこと。（20字）
(3) 首
(4) ウ
(5) A 交換した本　B 転校したく

2 (1) ア
(2) ウ

3 (1) ウ
(2) ア

4 例 おっしゃいました（言われました）

解説

1 (1)「言われた僕《ぼく》」とあるが、主語は「僕」。主語の「僕」が動作を「されている」ので受け身。

(2)「結局、二冊は交換《こうかん》することに」なり、「トムとハックがトオルの本棚《ほんだな》の中で並ぶ夢は消えた」「トオルが思い浮《う》かべていた、僕の本棚の中でトムとハックが並ぶ夢も、いっしょに消えてしまった」とある。「僕」は「ハックルベリー・フィン」の本を、トオルは「トム・ソーヤー」の本を渡《わた》すことで、相手の本棚に二冊の本を並ばせたいと考えていたのである。本の中でトムとハックは親友として描《えが》かれており、二人は物語の主人公たちに自分たちを重ねていたことが想像できる。

(3)「首をかしげる」は、何かに納得《なっとく》がいかない様子や不思議に思う気持ちを表す慣用句である。(1)でみたように、「僕」はトオルに「ハックルベリー・フィン」の本を渡し、トオルが「トム・ソーヤー」の本と二冊そろった状態で所有することを望んでいたのである。ところが、トオルが手持ちの「トム・ソーヤー」の本を「僕」に渡そうとしてそのもくろみが外れてしまったので、納得がいかない仕草をして見せたのである。

(4) 傍線部《ぼうせんぶ》の「それ」が指すのは、「僕」とトオルがそれぞれ一冊ずつ本を持つこと。**ア**は、「僕」はトオルに本を渡そうとしていたのだから、「二冊とも自分が持っていたいと思った」が誤り。**イ**は、「トオルが二冊とも持って行くだろう」が誤り。「オレ、いらないから、カズヤが二冊とも持ってろよ。」「オレだっていらないよ、おまえが両方持ってろよ。」と二人がやり取りしていることからわかるように、二人とも相手に本を持っていてほしいと思っているのである。**エ**は、すでに本を交換しているので「取りかえるのをやめようと考えている」が誤り。「僕」は、親友である「僕」とトオルが、お互《たが》いの気持ちがこもった本を一冊ずつ持ち続けるという状況《じょうきょう》も「いいか」と感じているのである。よって**ウ**が正解。

(5)〈　〉の中には、自分の感情を爆発《ばくはつ》させて大きな声で叫《さけ》ぶトオルの姿が描かれている。そのきっかけは、「交換した本」をリュックにしまったこと。本を渡すという行動を終えたことで、トオルが転校して二人が離《はな》れ離れになるということが現実味を増してきたのである。トオルの発している言葉「転校」が繰《く》り返されていることから、「転校したく」ないという思いが明らかにわかる。

2 (1)「鉄棒」という題名で、「地平線に飛びつく」とあるので、「地平線」とは「鉄棒」のこと。暗喩《あんゆ》が使われている。**ア**の「母の笑顔《えがお》は太陽だ」の「太陽」は、「明るくしてくれるもの、温かく見守ってくれるもの」などの意味を表す暗喩になっている。よって**ア**が正解。**イ**は、「傘《かさ》もささずに帰ってきた」の語順が逆になっているので、倒置《とうち》。**ウ**は、人ではない「南風」と「雪解け」が「告げている」と表現しているので、擬人法《ぎじんほう》。**エ**は「ような」を使っているので、直喩《ちょくゆ》。

(2) 詩は、鉄棒にぶら下がった「僕」が、全身の筋肉を使って、足を上方に上げ、逆上がりをする様子を描いたものである。**ア**「視覚的な表現」はあるが、それによってスロー映像のように表しているわけではない。スロー映像のように感じられるのは、ひとつひとつの動きを心情とともに丁寧《ていねい》に描いているからである。**イ**「僕は収縮する」は肉体運動を表すが、「美」として表現しているわけではない。「僕は赤くなる」も力をこめて体が赤くなっていることを表したもので、「感動の表現」とは言えない。**エ**は「初心者であった『僕』」「『僕は何処《どこ》へ』」に表された不安」「技の熟達者となった満足感」などが詩に描かれていないので誤り。

3 (1) Aの俳句の季語は「雪解《ゆきげ》水」、Bの季語は「初桜」で、季節は春。「雪解水」は、寒さがゆるみ、「雪が解けてできた水」のことで落ち着いて考えれば春を表す季語だとわかるが、「雪」という字が入っているのでうっかり冬と間違《まちが》えないように注意しよう。選択肢《せんたくし》の季語を見ていくと、**ア**は「プール」で夏、**イ**は「咳《せき》」で冬、**ウ**は「ものの種」で春、**エ**は「すすき」で秋。よって正解は**ウ**。

(2) それぞれの俳句・短歌に詠《よ》まれている情景や心情を、鑑賞《かんしょう》文を参考にしてしっかり押《お》さえよう。Aの俳句は松尾芭蕉《まつおばしょう》の有名な俳句を下敷《したじ》きにすることで、光堂《ひかりどう》の雪解水に「膨大《ぼうだい》な時間」や「無限の大きさ」が込《こ》められているとある。Bの俳句は、「目的に向かって心を奮い立たす」「自発的な心の動き」を桜に投影《とうえい》した「大いなる自然への讃歌《さんか》」である。Cの短歌では、「偉大《いだい》な歌人」といわれる西行《さいぎょう》のことさえ忘れ、ただ懸命《けんめい》に咲《さ》く「三月の花」のことが詠まれている。いずれにも共通するのは、「無限の時を刻み続ける自然の大きさ」であるので**ア**が正解。**イ**は、AとCには歴史上の人物が関係しているが、「人間のたくましさ」を表現する題材として使われているのではないので誤り。**ウ**はA～Cには「季節のいぶきに喜びを感じている人間の姿」が詠まれているわけではないので誤り。**エ**は「人間に生きる勇気と感動を与《あた》えてきた自然の偉大さ」ではなく、ここでは小さな人間の存在とは無関係に命をつなぐ自然の姿が感動の中心であるので誤り。

大意〈俳句〉

A（松尾芭蕉が時を経ても輝《かがや》き続ける金色堂《こんじきどう》〔＝光堂〕の句を詠んだ頃《ころ》と同じように）光り輝く金色堂からは美しい雪解けの水が流れ出ていることだ。

B人々が皆《みな》、何かに精を出して（生活に）励《はげ》んでいるように、春を迎《むか》える桜もその花を咲かせることに一心に励んでいる。

有馬朗人《ありまあきと》

深見《ふかみ》けん二《じ》

大意〈短歌〉

Cこれまでに本当に偉大であった人間などいない。（そう言うかのように）三月の桜の花は、花を詠んだ有名な歌人である西行のことなど忘れながらただ花を咲かせているよ。

三枝昂之《さいぐさたかゆき》

4 「言う」は「店員さん」の動作なので、「言う」の尊敬の動詞「おっしゃる」を使う。「言ってくださいました」と過去形になっているので、「おっしゃいました」とすること。また、尊敬の助動詞「れる」を使って、「言われました」としてもよい。

第2回　3年間の総復習テスト

➡62ページ

解答

1 (1) a 的確〔適確〕　b おそ　c 包　d のうたん　e きふく
(2) ア
(3) A いくつかの要素に区分けする　B 反対感情
C 例「あや」が生まれ（8字）

2 (1) エ
(2) 例 主人の詠んだ歌に返事をした（13字）

3 例
私には小学校一年生の弟がいる。朝はなかなか起きられなかった弟が、夏休みに毎朝自分から早起きをして熱心になわとびの練習をしていた。そして、夏休みが終わるころには、一度もできなかった二重とびをかんたんにできるようになっていた。ずっと年下の弟の姿から私は継続することの大切さを実感し、三日ぼうずの自分を恥ずかしく思った。自分より年長者からばかりではなく、どんな人からも学べることはあるのだと思った。（196字）

解説

1 (1) a「的確」は「たしかで間違《まちが》いがない」という意味。ほかに「てきかく」と読む熟語には「適格」があるが、こちらは「必要な資格が備わっている」という意味。誰《だれ》かに贈《おく》り物をもらったときに「うれしい」という言葉を使うのは「間違いない」表現なので「的確」を使う。b「おそ（う）」と読む。c「包」は己の形に注意する。巳としないこと。d「濃《こ》いことと淡《あわ》いこと」という意味。e「高くなったり低くなったりしていること」、または「盛《さか》んになったり衰《おとろ》えたりすること」という意味。dとeはどちらも反対の字を組み合わせた二字熟語である。

(2) 傍線部《ぼうせんぶ》の「ほんとうにそうなのだろうか」の「そう」が指すのは、傍線部の前で述べられている内容である。前で述べられているのは、自分のさまざまな想《おも》いが一言の言葉ではとても足りないということ、「感情に対して、言葉がつくづく乏《とぼ》しい」ということである。筆者がこれらの内容に「ほんとうにそうなのだろうか」と疑問を呈《てい》していることをまず押《お》さえよう。さらに傍線部のあとの部分を読むと、言葉の「形のさだかでないものに、はじめてかたどりを与《あた》える」というはたらきについて述べている。よって**ア**が適当。
イは「言葉が持っている力の限界についてわからせようとしている」とあるが、傍線部「ほんとうにそうなのだろうか」の直後に話題としてあげているのは、「言葉が持っている力の限界」ではなく感情に「かたどりを与える」という言葉の力についてである。「けれども」という接続語が使われていることからも、前に述べられた内容とは逆のことを言おうとしていることがわかる。**ウ**は「言葉に頼《たよ》ることの怖《こわ》さを学ばせようとしている」という部分が誤り。「言葉に頼ることの怖さ」について述べている部分は見られない。**エ**は「言葉が感情を左右すると考えるのは間違っている」とあるが、言葉は感情にかたどりを与えるのであって、感情を左右するとは説明されていないので誤り。

(3) 傍線部のあとに「そういうことだ」と続くので、「そういうこと」の指す傍線部の前までの内容を押さえる。Aは、第六段落の初めに「もやもやしたこと、……それをいくつかの要素に区分けする」とあるのでそこから抜《ぬ》き出す。Bは、第七段落に「さらにはその裏で……反対感情も顕在化《けんざいか》してくる」とある。「顕在化」とは「あらわになること」なので、「反対感情」を抜き出す。Cは、傍線部の直前で「つまりは『あや』（綾・彩）が生まれるのである」とまとめられている。字数に合わせて、文がつながるように書くこと。

2 (1) 書き下し文は「先人故宅に於《おい》て」となっているので、「先人於故宅」の「先人」をそのまま読み、「於」より先に「故宅」を読んでから、「於」を読むということ。「宅」から「於」へは、二字以上返っているので、**「一・二点」**を用いる。「宅」の左下に「一」、「於」の左下に「二」のある、**エ**が正解。

(2) 直前の「申したりけるこそ」を手がかりにして、「梅の木」が、誰《だれ》に対して、何をしたのかを、前半の古文の内容をふまえてまとめる。菅原道真《すがわらのみちざね》が都に残してきた梅の木が、道真が移り住んできた大宰府《だざいふ》に飛んできてそのまま生えついた。道真は、その梅の木に向かって、「花がものを言う世の中だったら、昔のことを尋《たず》ねたのに」と歌を詠《よ》んだところ、梅の木が、都にいたときの道真の家の様子を述べたという話である。梅の木が、道真の歌に返事をしたということをとらえる。

現代語訳 菅原道真が、大宰府に旅立つことを決心されたころ、

　春風が吹いたら、その匂《にお》いを送ってよこせよ、梅の花。主である私がいないからといって春を忘れてはいけないよ

と（歌を）詠み残して、都を出て、筑紫《つくし》にお移りになったあと、あの紅梅殿《でん》から、梅の一本の枝が、飛んで来て、（そのまま）生えついた。

ある時、（道真が）この梅に向かって、

　故郷の花がものを言う世であったなら、どうにかして昔のことを尋ねただろうに

とお詠みになった時、この木が、

　先人〔道真〕の旧宅は、
　垣根が昨年から荒れはて
　鹿たちの住み家と化し
　主〔道真〕がいなくなって青空のみが澄みわたる

と返事をしたことが、驚《おどろ》くほどであったとも、しみじみと心を動かされることであったとも、想像もつかないことではないか。

3 課題作文は、まず自分の経験などから課題に合った題材を選び、課題についての自分の考えや感想などをはっきりとさせることが重要。ここでの課題は「他者からの学び」で、「体験をとおして」感じたことや考えたことを書かなくてはならないので、「他者からの学び」につながる自分の経験を探すことからはじめる。「他者」という漠然《ばくぜん》とした課題なので、身近な人でも本やテレビなどで知った人物でもかまわない。また、「学び」についても対象となる人の長所からでも失敗談からでもかまわない。選択《せんたく》の幅《はば》を広げて、柔軟《じゅうなん》に課題に結び付けてみよう。

〔作文の注意〕に「原稿用紙《げんこうようし》の正しい使い方にしたがい」とあるので、書き始めを一マス空ける、句読点やカギ（「 」）も一マスに一つ書く、などのことに注意しよう。

受験合格への道

受験の時期までにやっておきたい項目《こうもく》を，
目安となる時期に沿って並べました。
まず，右下に，志望校や入試の日付などを書き込《こ》み，
受験勉強をスタートさせましょう！

受験勉強スタート！

夏
秋

中学3年間を総復習する

まずは本書を使って中学３年間の基礎《きそ》を固めましょう。**自分の苦手な単元，理解が不十分な単元，得点源となりそうな得意な単元を知っておくことが重要です。**

単元別に対策する

①50点未満だった単元
→理解が十分でないところがあります。教科書やワーク，参考書などのまとめのページをもう一度読み直してみましょう。何につまずいているのかを確認《かくにん》し，ここでしっかり克服《こくふく》しておくことが大切です。

②50～74点だった単元
→基礎は身についているようです。理解していなかった言葉や間違《まちが》えた問題については，「基礎問題」のまとめのコーナーや解答解説をよく読み，正しく理解しておくようにしましょう。

③75～100点だった単元
→よく理解できているので得意分野にしてしまいましょう。いろいろなタイプの問題や新傾向《けいこう》問題を解いて，あらゆる種類の問題，出題形式に慣れておくことが重要です。

志望校の対策を始める

実際に受ける学校の過去問を確認し，傾向などを知っておきましょう。過去問で何点とれたかよりも，出題形式や傾向，雰《ふん》囲気《いき》に慣れることが大事です。また，似たような問題が出題されたら，必ず得点できるよう，復習しておくことも重要です。

冬

最終チェック

付録の「要点まとめシート」などを使って，全体を見直し，理解が抜《ぬ》けているところがないか，確認しましょう。**入試では，基礎問題を確実に得点することが大切です。**

入試本番！

志望する学校や入試の日付などを書こう。